U0598030

财务机器人应用

CAIWU JIQIREN YINGYONG

主 编 杨向东 李仁璞 常 茹

副主编 侯 勇 李亦雯 李彦勤 丁 昌

本书另配：教学课件
　　　　　微课视频
　　　　　程序源码
　　　　　习题答案
　　　　　在线课程

新形态
教材

中国教育出版传媒集团

高等教育出版社·北京

内容提要

本书是高等职业教育智慧财经系列教材之一。

本书立足财务行业数字化转型现状,旨在让读者掌握 UiBot 软件的基本功能和具体的财务应用场景,学会运用 UiBot 软件实现企业业务流程的自动化和智能化。全书共分为 8 个项目,内容包括:认知 RPA 与 UiBot,掌握 RPA 编程语言及逻辑,提成计算与财务报生成机器人运用,财务数据抓取与跨平台读写机器人运用,银行对账与数据报告生成机器人运用,财报邮件汇总与工资单发送机器人运用,票据审核与工资信息查询机器人运用,综合案例——RPA 自动化流程开发。本书的项目案例均改编自真实的企业业务案例,具有较强的实战指导性。通过对财务自动化案例与场景的介绍,帮助读者了解自动化流程在财务中的应用场景与方式。为利教便学,部分学习资源以二维码形式提供在教学的相关之处,可扫码阅读。此外,本书另配有教学课件、微课视频、程序源码文档、习题答案、在线课程等辅助教学资源,可供教师教学使用。

本书既可作为高等职业院校财经商贸大类大数据基础课程教材,也可作为大数据、财务等相关行业从业者学习的参考用书。

图书在版编目(CIP)数据

财务机器人应用 / 杨向东,李仁璞,常茹主编. —
北京:高等教育出版社,2024.5
ISBN 978 - 7 - 04 - 061639 - 2

Ⅰ.①财… Ⅱ.①杨… ②李… ③常… Ⅲ.①财务管
理-专用机器人-高等职业教育-教材 Ⅳ.①F275
②TP242.3

中国国家版本馆 CIP 数据核字(2024)第 031215 号

策划编辑	毕颖娟 宋 浩	**责任编辑**	宋 浩	**封面设计**	张文豪	**责任印制**	高忠富

出版发行	高等教育出版社	**网　　址**	http://www.hep.edu.cn
社　　址	北京市西城区德外大街 4 号		http://www.hep.com.cn
邮政编码	100120	**网上订购**	http://www.hepmall.com.cn
印　　刷	上海叶大印务发展有限公司		http://www.hepmall.com
开　　本	787mm×1092mm　1/16		http://www.hepmall.cn
印　　张	17.25		
字　　数	388 千字	**版　　次**	2024 年 5 月第 1 版
购书热线	010-58581118	**印　　次**	2024 年 5 月第 1 次印刷
咨询电话	400-810-0598	**定　　价**	40.00 元

本书如有缺页、倒页、脱页等质量问题,请到所购图书销售部门联系调换

随着数字化转型的深入发展,财务领域面临着巨大的挑战和机遇。如何提高财务工作的效率和质量,利用大数据和人工智能技术优化财务管理和决策,培育适应数字化时代的财务人才,成了当下亟待解决的问题。RPA(Robotic Process Automation)即机器人流程自动化,是一种通过软件机器人模拟和执行人类在计算机上的重复性操作,实现业务流程自动化的技术。RPA技术在财务领域有着广泛的应用场景,可以有效地提升财务业务的标准化、规范化和智能化水平,为财务数字化转型提供强有力的支撑。

本书是面向高等职业教育的RPA财务机器人教材,旨在让读者掌握RPA技术的基本原理和方法,运用国产自主可控的"UiBot"软件实现财务业务流程的自动化和智能化。本书紧扣习近平总书记关于人工智能发展和财经工作的重要论述,注重理论与实践相结合,案例与项目相融合,课程内容力求符合教育部提出的"注重基础、突出实用、增加弹性、精选内容"的要求,本书整体框架设置为项目任务式,在具体开发机器人的任务里设有任务场景、任务准备、任务实施、知识点详解、扩充知识等栏目,符合实际教学场景,吸引读者兴趣。此外,设有思考拓展、课后习题等问题,帮助读者巩固所学知识,培养逻辑思维能力。通过对本书的学习,使读者能够理解和掌握RPA技术在财务领域的应用价值和发展趋势,学会运用UiBot软件进行财务业务流程的分析、设计、开发、测试、部署和监控等,为今后从事财务数字化转型工作奠定良好的基础。

本书的主要特点如下:

1. 知行合一育人,价值观念塑造

为了更好地体现思政育人理念,本书在每个项目设置了素养目标,将党的二十大精神、社会主义核心价值观和财会从业人员的职业道德要求融入项目设置和任务实施中。同时,每个项目后增加了"知行合一"栏目,通过思政案例的阅读,使读者感知和提升思想道德政治素养。

2. 应用国产软件,符合国家战略

国产软件的发展和应用是实现国家经济高质量发展的必然要求。本书以国产软件UiBot为载体,展示RPA技术在财务领域的应用实践,符合国家在财经领域对于信息安全和自主创新的战略需求。

3. 淡化平台支撑,项目驱动导向

本书使用社区版的 UiBot 实现教学全过程,是 RPA 课堂教学的实践性创新。本书的项目引导和任务驱动,通过任务分解、模块设计、功能实现、结果评估等步骤,使读者融入真实工作场,引导其完成从需求分析到解决方案的全过程开发 RPA 财务机器人。

4. 真实业务加持,重实战强竞争

本书的编写以来也科技(北京)有限公司以及河南日盛信息技术有限公司的具体项目实施场景为参考,从公司具体实施的项目和业务中抽取真实的财务业务需求问题,进行项目任务实训设计,实战性强。这些案例体现了 RPA 技术在财务数字化转型中的应用价值和发展趋势,能够增强读者的就业竞争能力和数字化时代发展的适应能力。

5. 财务业务典型,覆盖场景广泛

本书以典型的财务业务常见场景为案例,涵盖了企业在具体实施 RPA 机器人部署中的会计核算、报表编制、审计检查、资金管理等多个方面的具体场景和真实任务,体现了 RPA 技术在财务领域的广泛适用性和高效性。

本书由河南经贸职业学院牵头与来也科技(北京)有限公司和河南日盛信息技术有限公司联合编写。河南经贸职业学院杨向东、常州工程职业技术学院李仁璞、陕西财经职业技术学院常茹担任主编,河南经贸职业学院侯勇、李彦勤、李亦雯,河南日盛信息技术有限公司丁昌担任副主编,北京财贸职业学院董萍萍参与编写。本书具体编写分工如下:项目一由丁昌编写,项目二由李仁璞编写,项目三由李亦雯编写,项目四由侯勇编写,项目五由李彦勤编写,项目六由常茹编写,项目七由董萍萍编写,项目八由杨向东编写。

由于编者水平有限,本书难免会有疏漏之处,欢迎读者批评指正。(联系邮箱 zhangyibo@henetc.edu.cn)

编 者

2024 年 4 月

CONTENTS 目 录

NAVIGATION
资源导航

项目一

认知 RPA 与 UiBot

在当今的数字化时代,企业面临越来越多的挑战和机遇,如何提高工作效率、降低运营成本、增强竞争力,成为了企业的重要课题。为了应对这些课题,一种新兴的技术引起了广泛的关注和应用,那就是机器人流程自动化(RPA)。RPA 是一种通过软件机器人模拟和执行人类在计算机上的重复性操作,从而实现业务流程自动化的技术。RPA 在各行各业都有广泛的应用,尤其是在金融、制造、医疗等领域。本项目将介绍 RPA 的概念、行业现状与发展趋势、平台介绍及安装,帮助初步了解和认识 RPA。

1. 了解 RPA 的定义、特点和应用场景。
2. 认识 RPA 的市场规模、行业分布、发展历史和未来趋势。
3. 掌握 RPA 平台软件的功能、特点和分类。
4. 掌握 RPA 平台软件的安装和使用。

技能目标

1. 能够完成 UiBot 平台的安装和配置。
2. 能够完成 UiBot 平台的登录和使用。

素养目标

1. 通过了解财务领域的行业自动化进程,培养对 RPA 的兴趣和好奇心,保持与时俱进的数据思维。
2. 通过了解自动化财务软件的应用场景,知晓财务数字化转型带来的人才需求变革。

思维导图

项目一思维导图如图 1-1 所示。

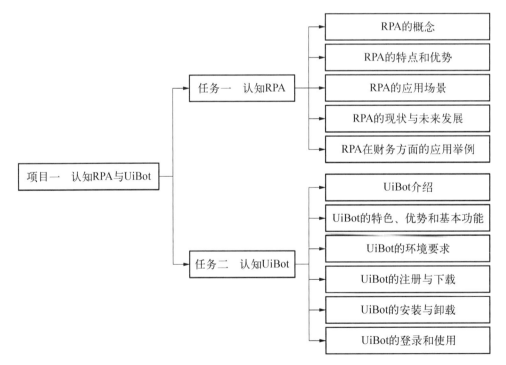

图 1-1　项目一思维导图

一、RPA 的概念

RPA 是机器人流程自动化(robotic process automation)的英文首字母缩写,是一种软件技术,可以模拟人在电脑上的不同系统之间的操作行为,执行基于一定规则的、可重复任务的软件解决方案,来自动处理企业的重复性和标准化工作的流程,以提升办公自动化效率,降低人工成本和运营风险。

二、RPA 的特点和优势

(一) RPA 的特点

RPA 具有非侵入性、灵活配置、可视化设计、跨系统跨平台等特点。RPA 可以根据不同的业务场景,通过拖拽组件或录制操作,快速构建和部署自动化流程,不需要改变现有的信息系统,也不需要编写复杂的代码。

(二) RPA 的优势

RPA 的优势包括提高工作效率、减少人工失误、降低运营成本、加快数字化转型、提升员工体验等。RPA 可以协助或代替人类完成重复性高、规则性强、附加值低的工作内容,释放人力资源,让员工有时间去做更有意义的工作,为企业创造更大的价值。

三、RPA 的应用场景

RPA 的应用场景是非常广泛的,涵盖了各行各业,包括电商、物流、财务、银行、金融、保险、电信、零售、医疗、人力资源、制造业等领域。RPA 适用于流程固定、规则明确、重复性高、附加值低的工作内容,能实现数据迁移、表单生成、定时操作等日常所需功能,具体包括财务核算、订单处理、客户服务、数据录入等业务。

一些常见的 RPA 应用场景有:

(1) **财务税务**:财务对账,发票报销,税务申报等。

(2) **人力资源**:薪酬发放,入职离职,简历筛选等。

(3) **电商企业**:库存管理,订单汇总,价格监测等。

(4) **供应链**:订单采购,物流管理,售后服务等。

四、RPA 的现状与未来发展

(一) RPA 的发展进程

RPA 在国外已经有较长的发展历史,2017 年被称为"全球 RPA 元年",RPA 在国内的发展相对较晚,但近年来也呈现出快速增长的态势。

RPA 的发展主要分为以下四个阶段:

(1) 第一阶段,1995—2000 年,主要用到了批处理技术和触发器技术。

(2) 第二阶段,2000—2015 年,主要用到了 VBA(Visual Basic for Application,一种主要应用于 Microsoft Office 软件的 VB 编程语言)宏编程和 BPM(Business Process Management,业务流程管理)系统。

(3) 第三阶段,2015—2018 年,RPA 技术成型并投入使用。

(4) 第四阶段,2018 年以后,RPA 技术的成熟、广泛使用以及智能化发展。

(二) RPA 的市场现状

RPA 在中国市场主要分为供应商和客户。其中,供应商分为两类:一类是国外的 RPA 巨头,如 UiPath、Automation Anywhere、Blue Prism 等,它们在中国市场占有较高的份额和声誉;另一类是国内的 RPA 创业公司,如启明星辰、瑞博智能、云知声等,它们在中国市场具有较强的本土化优势和创新能力。

RPA 在中国的客户主要集中在金融、制造、电信等行业,其中金融行业是 RPA 的最大需求方,占据了近一半的市场份额。一些知名的 RPA 客户包括中国银行、平安银行、中信银行、华为、联想、京东等。

(三) RPA 的发展趋势

RPA 的发展趋势包括与人工智能、云计算、大数据等技术的深度融合,实现更高级别的智能自动化以及向中小企业和个人用户的普及和推广,降低 RPA 的使用门槛和成本。

RPA 与人工智能的结合是 RPA 的第四代发展阶段,即"AI+RPA",也被称为智能流程自动化(Intelligent Process Automation, IPA)。RPA 与人工智能的结合是指利用人工智能技术,如自然语言处理、机器学习、计算机视觉等,为 RPA 提供更高级别的智能决策和处理能力,使 RPA 能够应对更复杂的场景和非结构化的数据。这使得 RPA 应用场景更加广泛,适用范围更广,RPA 机器人更加智能,提高企业的竞争力和创新力。

在客户服务领域,利用自然语言处理技术,可以实现智能语音机器人,与客户进行自然对话,识别客户的需求和情绪,提供相应的服务或转接人工客服,同时利用 RPA 技术可以自动化完成后台的数据查询、录入、更新等操作,提高客户满意度和服务效率。

在财务核算领域,利用机器学习技术,可以实现智能发票识别,将纸质或电子发票中的关键信息提取出来,并自动录入财务系统中,同时利用 RPA 技术可以自动完成发票的审核、匹配、报销等流程,提高财务准确性和效率。

在人力资源领域,利用计算机视觉技术,可以实现智能简历筛选,将候选人简历中的关键信息提取出来,并与职位要求进行匹配,同时利用 RPA 技术,可以自动完成简历的下载、存储、排序等操作,提高招聘质量和效率。

"AI+RPA"的技术的实现,具有以下的技术难点:

(1) 如何实现 RPA 和 AI 的有效集成,即如何让 RPA 机器人能够调用 AI 模型以及如何让 AI 模型能够控制 RPA 机器人。这需要在 RPA 和 AI 之间建立一个稳定、高效、安全的接口,同时考虑到不同的 RPA 和 AI 平台的兼容性和标准化。

(2) 如何保证 AI 模型的准确性和可靠性,即如何让 AI 模型能够处理不同的场景和数据以及如何让 AI 模型能够自动学习和优化。这需要在 AI 模型的设计、训练、测试、部署等环节进行严格的质量控制,同时考虑到不同的业务需求和规范。

(3) 如何保证"AI+RPA"的安全性和合规性,即如何让"AI+RPA"能够遵守相关的法律法规以及如何让"AI+RPA"能够保护用户的隐私和数据。这需要在"AI+RPA"的开发、运行、监控等环节进行严格的安全审计,同时考虑到不同的行业标准和风险管理。

五、RPA 在财务方面的应用举例

财务机器人是一种基于 RPA 技术的软件,能够代替人工进行一些简单重复的财务操作,提高财务工作效率和准确性,降低成本和风险。财务机器人可以分为以下几类:

(1) 应收账款机器人:负责信用审核、客户文件管理、订单处理、现金收据处理等。

(2) 应付账款机器人:负责供应商账户管理、付款流程、发票处理等。

(3) 财务报表机器人:负责数据提取、报表制作、数据分析等。

(4) 税务申报机器人:负责发票识别、税费核算、纳税申报等。

(5) 银行对账机器人:负责下载银行账单、录入财务系统、核对余额等。

(6) 账户对账机器人:负责下载账户余额、上传交易记录、验证异常数据等。

(7) 关联企业对账机器人:负责检查和调解企业间的余额,生成调查报告等。

财务机器人的功能和价值主要有以下几点:

(1) 节约人力成本。机器人可以帮助财务完成大量的重复性工作,让财务人员发挥更高的价值。

(2) 提高数据准确性。机器人在处理数据时,完全按照预先设置好的规则进行,避免人工可能出现的错误,降低纠错成本。

(3) 提高工作效率。机器人可以快速完成数据的获取、录入、分析等操作,缩短整个流程的处理时间,提升服务质量。

(4) 增强数据安全性。机器人可以保证数据的私密性和完整性,降低数据泄露或篡改的风险。

(5) 促进财务转型。机器人可以让财务从繁琐的事务性工作中解放出来,投入更具创造性和战略性的工作中去,推动企业财务向价值创造中心转变。

 **思考拓展**

生活中常见的 RPA 流程有哪些? 我国 RPA 供应商提供的技术产品有哪些优势?

任务二　认知 UiBot

一、UiBot 介绍

UiBot 是一家国内的 RPA(机器人流程自动化)平台,能够实现五大功能:业务理解、流程创建、随处运行、集中管控、人机协同。其中,流程创建是自动化流程实现的关键一环。在 UiBot 中,可以使用流程创造者(UiBot Creator)进行自动化流程的创建和调试。流程创造者允许以流程图、低代码的方式,采用鼠标拖拽界面自动化操作、AI 识别、数据读写等具体步骤,使用者能够轻松组装符合业务需求的自动化流程,该功能的操作界面如图 1-2 所示。

图 1-2　流程创造者 UiBot Creator 界面

该平台可以模拟人在电脑上的不同系统之间的操作行为,执行基于一定规则的可重复任务的软件解决方案,能提升办公自动化效率,降低人工成本和运营风险。

UiBot 的产品架构主要包含创造者、劳动者、指挥官、魔法师四大模块,为机器人的生产、执行、分配、智能化提供相应的工具和平台。

(一) 创造者

"创造者"即机器人开发工具,用于搭建流程自动化机器人。支持一键录制流程并自动生成机器人,支持可视化编程与专业模式,支持浏览器、桌面、SAP 等多种控件抓取,支持 C、Lua、Python、.Net 扩展插件及第三方 SDK 接入。

(二) 劳动者

"劳动者"即机器人运行工具,用于运行搭建好的机器人。支持人机 Robot、无人 Robot 双模式、定时启动、重复执行、条件触发等多种执行方式,支持 Windows、Linux、OSX 等多种操作系统。

(三) 指挥官

"指挥官"即控制中心,用于部署与管理多个机器人。支持安全审计系统,支持日志追踪与实时监控,对机器人工作站进行综合调度与权限控制。

(四) 魔法师

"魔法师"即 AI 能力平台,为机器人提供执行流程自动化所需的各种 AI 能力。内置 OCR、NLP 等多种适合 RPA 机器人的 AI 能力、提供预训练的模型,无须 AI 经验,开箱即用、与 Creator 无缝衔接,通过拖拽即可让机器人具备 AI 能力,适用于财务报销、合同处理、银行开户等多种业务场景。

UiBot 的功能是实现各种业务场景下的流程自动化,比如财务管理、人力资源、客服、法务、采购等职能场景以及金融、保险、零售、电商、政府、能源、制造、物流等行业场景。

二、UiBot 的特色、优势和基本功能

(一) UiBot 的特色

(1) 国内领先的 RPA 平台,拥有完全自主知识产权和核心技术。

(2) 支持中文界面和中文编程,适应国内用户习惯和需求。

(3) 支持 SAP 自动化操作,能以流程图的方式展现自动化流程,支持分布式的控制中心。

(4) 引入 AI 能力平台,让机器人具备文字识别和文本理解等智能功能。

(5) 产品分社区免费版和企业版,社区版功能方面和企业版差别不大,完全兼容。

(二) UiBot 的优势

(1) 提供可拖拽编辑的流程图,流程的整体脉络尽在掌握之中。

(2) 隐藏细节,业务人员易于学习理解。

(3) 编辑窗口采用多标签页布局,可随意拖拽、停靠、收展标签页。

(4) 内置企业级流程模板,一键生成流程的最佳实践框架。

(5) 异常处理可在流程图中编写和展现。

(三) UiBot 的基本功能

1. 一键切换的可视化视图和源代码视图,适合不同基础的用户

(1) 接近自然语言的可视化视图,描述流程具体功能。

(2) 两种视图一键切换,随时切换,充分发挥各自优势。

(3) 两种视图的统一调试,断点、单步、监视变量都可实现。

(4) 指定运行某一行或某几行内容,方便调试。

(5) 具有普通模式和专业模式两种模式,命令属性输入更简单。

(6) 自动保存历史版本,随时回退。

(7) 内置命令足以覆盖常见场景,另外可通过插件自由扩展。

2. 预设 500 多条命令,包含界面自动化、软件自动化、数据处理、文件处理等常用功能

(1) 可使用 Python、C♯、C/C++、Java 语言编写插件,扩展自己的命令。

(2) 不同语言的插件,其编码、异常等自动转换,开发者无须关心细节。

(3) 不同语言的插件均内置了统一版本的语言运行时(Run time),不必担心客户工作环境的多样性。

(4) 社区用户已提供大量第三方插件,可随时下载选用。

(5) 强大的界面自动化,各种界面元素自动识别和分类,兼容性遥遥领先于同类产品。

(6) IE、Chrome、Firefox、Edge、360 安全浏览器一网打尽,更支持内建的 Chrominum 内核浏览器。

(7) 使用 C++、C♯、VB、Delphi、Java 开发的客户端程序,识别更准确,速度也更快。

(8) 无论是 SAP、Citrix、Microsoft 远程桌面,还是微信、钉钉,国内外常用企业软件一概适配。

(9) 界面元素拾取后将快速命名并存入 UI Library 中,统一的名称化管理不仅让流程更加可读,而且调试抛出错误时可快速联想和定位问题。

3. 内置开箱即用的 AI 能力,零代码实现文字、表格、票证识别和信息抽取

(1) 真正零代码的 AI 能力集成,添加 AI 能力的过程中几乎不需要触碰键盘。

(2) 支持图像文件、PDF 文件和界面元素作为图像来源。

（3）表格识别既可转为数据表，也可以直接转为 Excel 文件。

（4）轻松识别各种发票、火车票、行程单、身份证、社保卡、驾驶行驶证、户口本、护照、房产证、营业执照的各个字段。

（5）一次即可识别粘贴在一张纸上的多张发票。

4. 支持多种模块化开发模式，轻松实现多人协作的流程设计

（1）使用命令库，封装常用的命令组合，实现流程开发的复用。

（2）命令库与其他人分享方便。

（3）使用子流程，对多人开发的流程进行集成，子流程亦可多级嵌套。

（4）使用单元测试块，设置每个流程块的测试环境，独立测试，方便联调。

三、UiBot 的环境要求

UiBot 平台中流程创造者（UiBot Creator）的运行环境，有以下要求。

（一）网络环境要求

UiBot 平台必须有互联网络环境，需要在线使用。

（二）硬件环境要求

UiBot 的硬件环境要求如下：

（1）CPU：4 核、1.8 GHz、64 位或更高。

（2）RAM：8 GB 或更高。

（3）硬盘空间：128 GB 或更高。

（4）显示设备：1 920×1 080（Full HD）分辨率最佳。

（三）软件环境要求

1. 操作系统要求

（1）服务器系统支持：Windows Server 2019、Windows Server 2016、Windows Server 2012 R2、Windows Server 2008 R2 SP1。

（2）桌面版系统支持：Windows 10、Windows 8、Windows 7。

2. 办公软件要求

（1）微软 office：Office 365、Office 2019、Office 2016、Office 2013、Office 2010、Office 2009。

（2）金山 WPS office：WPS 2019、WPS 2016。

3. 其他软件要求

Google Chrome 浏览器 50 及以上，Firefox 浏览器 69.0.1 及以上，Internet Explorer 浏览器 11 及以上，360 安全浏览器 13 及以上，.NET Framework 4.5 及以上。

四、UiBot 的注册与下载

要进行 UiBot 机器人的开发,需要安装 UiBot 机器人。可访问"来也"官网获取流程创造者(UiBot Creator)社区版最新版本的安装包,提供 Windows x64 版本和 Windows x86 版本选择。安装包为统一安装包,将同时安装流程创造者(UiBot Creator)和流程机器人(UiBot Worker)。

打开浏览器,输入"laiye.com"进入来也网站,如图 1 - 3 所示。将鼠标移动到"产品"位置会出现产品界面,如图 1 - 4 所示。

图 1 - 3　来也网站

图 1 - 4　产品页面

点击"流程创造者"(UiBot Creator),进入产品页面,如图 1-5 所示。

图 1-5 流程创造者页面

点击"免费使用社区版",进入登录界面,如果有账号,则进行登录,否则点击"立即注册"进行注册,注册页面如图 1-6 所示。

图 1-6 注册页面

进入注册界面,填入"手机号"并点击"获取验证码",弹出"安全验证"窗口,如图 1-7 所示。

图 1-7　安全验证页面

输入"安全验证"中的验证码,点击"确定"后会收到验证码,将收到的验证码填入对应文本框,设置密码,并勾选"我已阅读并同意《来也用户协议》与《隐私协议》",点击"注册"按钮进行注册。

注册完成,弹出完善信息窗口,输入姓名、公司或组织名称、邮箱,再次获取验证码进行验证,此次的验证码是发送到邮箱中的,需要登录邮箱获取验证码并输入。完善信息页面如图 1-8 所示。

图 1-8　完善信息页面

点击"立即免费使用"即可完成注册,并进入下载界面,根据计算机系统的情况下载相应的版本,如图 1-9 所示。

图 1-9　软件下载页面

五、UiBot 的安装与卸载

（一）UiBot 的安装

打开安装包文件，阅读《来也科技用户协议》，勾选"我已阅读并知晓用户协议"并点击"同意"按钮，如图 1-10 所示。

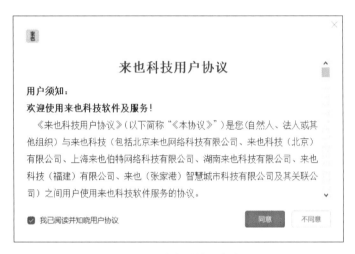

图 1-10 来也科技用户协议

进入安装引导页面，直接点击"立即安装"按钮或者点击"自定义安装"。自定义安装的界面如图 1-11 所示，浏览并选择安装的位置，选择是否创建桌面快捷方式。

图 1-11 安装路径设置

点击"立即安装"按钮,程序进入安装状态,页面会显示"正在安装"的进度条,几秒左右,即可迅速安装完毕。

(二) UiBot 的卸载

如果需要卸载当前流程创造者(UiBot Creator)应用程序,可进入 Windows 操作系统的"应用和功能"中,找到"流程创造者企业版"应用,点击"卸载"按钮即可。或者双击安装目录下的"Uninstall.exe"文件进行卸载。

【说明】卸载程序将同时卸载流程创造者(UiBot Creator)和流程机器人(UiBot Worker)。

六、UiBot 的登录和使用

(一) UiBot 的登录

UiBot 平台安装完成后,双击"流程创造者",打开平台,登录界面如图 1 - 12 所示。

图 1 - 12　登录界面

登录成功可进入 UiBot Creator 平台开始界面,如图 1 - 13 所示。

【说明】平台支持离线使用,但每个注册用户仅能申请 3 次离线使用激活码。

(二) UiBot 操作平台简介

1. 开始界面

用户成功登录后,即进入"欢迎使用"的主页。可以从这里开始新建空白流程、新建命

图 1 - 13 UiBot Creator 开始界面

令库、从企业级流程模板新建流程。

平台自带了预置好的经典范例,可以直接打开使用。同时嵌入了"新手教程",可以对照教程的指导进行快速学习。

2. 打开

点击开始界面左侧菜单栏中的"打开",可以打开已经存在的流程进行编辑,如图 1 - 14 所示。

3. 工具

工具中包含应用程序和扩展程序,通过安装这些程序可以获得 UI 自动化能力的基础支撑,或者打开它们,帮助分析和定位 UI 元素目标的层级,从而精准地实现自动化操作,比如模拟鼠标点击一个 UI 层级比较深的按钮。

图 1 - 14 打开

(1) 应用程序。

应用程序包含了实现 UiBot 指定功能的辅助工具:UiBot 扩展管理程序和 UI 分析器,还有流程记录者,以监测业务人员的操作,然后直接生成自动化流程的描述文档,另提供内置 Chromium 内核的浏览器,可作为统一的网页自动化环境。相关应用程序如图 1 - 15 所示。

(2) UiBot 扩展程序。

UiBot 扩展程序是内置携带且独立的应用程序,用于独立管理来也 RPA 的扩展程序,用于安装在 Windows 远程桌面机器或 Citrix 应用程序的服务端,除了可安装管理对应的 Windows 远程桌面或 Citrix 的扩展程序,还可管理其他浏览器的扩展程序。UiBot 扩展程序列表如图 1 - 16 所示。

图 1 - 15　相关应用程序

图 1 - 16　UiBot 扩展程序

4. 设置

目前有三类项目提供给用户进行自定义设置。

（1）常规设置。

① 语言：中文（简体）、英文。基于 Windows 操作系统语言匹配程序的显示语言，通常为英文。

② 开机启动：开机后自动启动"流程创造者(UiBot Creator)"，默认为不勾选。

③ 关闭主界面：最小化到系统托盘、退出程序。默认为"退出程序"。

（2）编辑窗口。

流程图：使用网格背景、开启画布对齐线、开启小地图。默认全部勾选，若修改，可进入流程编辑窗口，在流程图页签中查看流程图的效果。

（3）授权信息。

① 授权类型：浮动授权-流程创造者或绑定机器-流程创造者，支持切换授权。

② 授权用户：即当前登录用户所在企业的名称。

③ 机器码：当流程创造者(UiBot Creator)成功安装到 PC 机器上时，会生成唯一的机器码作为标识。

5. 新建流程

点击左侧导航区的"新建"菜单，即可弹出新建窗口，新建一个空白的流程，如图1-17所示。从这个空白的流程图开始就正式进入了自动化流程的设计程序。其中，新建时生成的默认的流程名称，通常会带有数字后缀，当然可以自定义命名为需要的流程名称。新建流程的默认路径为 C：\Users\Windows 用户名\Documents\Laiye RPA\creator\Projects，可以点击"位置"后的"文件夹"图标进行自定义设置。此处示例为自定义位置。

图 1-17 新建流程

点击"创建"按钮，自动进入流程编辑窗口，如图1-18所示。

当创建一个新的流程时，流程编辑窗口展示的是默认布局，第一个标签页为主流程图，且不可关闭，UiBot Creator 主流程图如图1-19所示。

【提示】调试面板仅当进入断点调试状态时才会展现。

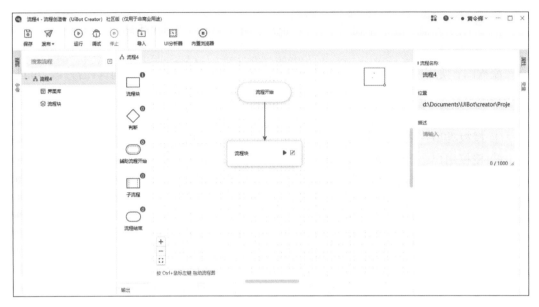

图 1-18 流程编辑窗口

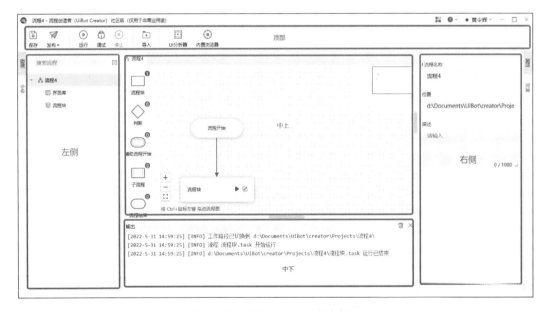

图 1-19 UiBot Creator 主流程图

默认布局由顶部区域的工具栏,左侧区域的流程标签页面板和命令标签页面板,中间区域上部分的流程图和流程块(可以多个流程块同时打开)组成的多标签页面板,右侧区域的属性标签页面板和变量标签页面板及中间区域底部的输出面板和调试面板组成。

(1)工具栏。图 1-19 中顶部区域的工具栏面板由各工具图标组合而成,并根据中间的流程图标签页和流程块标签页的切换展示或隐藏。

（2）流程标签页面板和命令标签页面板。左侧区域包含流程标签页面板和命令标签页面板，根据中间区域的激活标签页的切换而相应展示。当激活流程图标签页时，左侧区域对应激活展开流程标签页面板，同时可以切换到命令标签页面板，但此时的命令标签页面板为无可用命令的状态。

单击图 1－19 中流程列表中的流程 4（即树节点），则可以直接定位到流程图中的流程块组件。双击流程列表中的树节点（即流程块），则可以在中间区域的多标签页面板中创建一个流程块标签页（若未打开时）。

当激活流程块标签页时（左键单击流程块上的编辑按钮），进入流程编辑界面，界面左侧区域为命令面板，中间上面区域为执行区，中间下面区域为输出调试区，右侧区域为属性区域同时可以切换到流程标签页面板，流程编辑界面如图 1－20 所示。

图 1－20 流程编辑界面

（3）属性标签页面板和变量标签页面板。图 1－19 中右侧区域包含属性标签页面板和变量标签页面板，默认激活属性标签页面板，两个标签页可随意切换。

属性标签页面板由输出、必选属性和可选属性组成，通常对必选或可选属性进行输入时，有两种编辑模式，如图 1－21 所示。

① 普通模式：直接输入或选取内容，所见即所得。

② 专业模式：可以输入变量、表达式等。

图 1－21 专业模式和普通模式

变量标签页面板由当前流程块变量模块、当前子程序变量模块、流程图变量模块、流程输入模块和流程输出模块组成。当鼠标在组装区选中的命令处于子程序中时，变量标签页面板才展示当前子程序变量模块，变量设置界面如图 1－22 所示。

图 1-22 变量设置界面

（4）输出面板和调试面板。图 1-19 中间区域底部包含输出面板,输出面板默认常驻且收起;调试面板在使用工具栏的断点调试功能后展示,且随调试功能关闭而关闭,如图 1-23 所示。

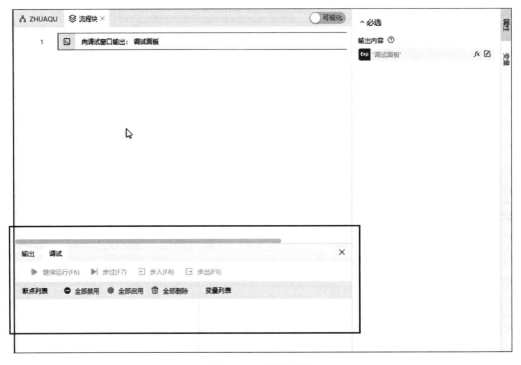

图 1-23 调试面板

 思考拓展

登录 UiBot 时如果忘记密码可以通过注册手机号或邮箱找回密码。请尝试找回密码操作。

 项目小结

本项目共包含两个任务，分别讲述了 RPA 技术的概念、特点、优势和应用场景，介绍了 RPA 的发展现状和趋势，讲解了 UiBot 平台的安装、配置和使用。RPA 技术的发展，为会计、财务管理等多领域带来了新的活力，提升了工作效率，降低了错误的发生率。

课后习题

【习题 1-1】　请尝试说明 RPA 机器人和人工智能机器人的区别。

知行合一

Uibot 是一款国产化的软件，在全球化与本土化的交汇点上，软件国产化已成为一个国家科技自立自强的关键战略。它不仅关乎技术的进步，更是经济安全和国家主权的重要保障。软件国产化不仅能够减少对外依赖，增强国家信息安全，还能够激发国内软件产业的创新活力，培养本土人才，推动经济结构的优化升级。

点评：软件国产化是一场持久战，也是一场智慧战，不仅需要我们有远见卓识，更要有坚定的决心和行动力，让我们为实现软件国产化的伟大目标而不懈奋斗。

项目二

掌握 RPA 编程语言及逻辑

计算机编程是一门多元化的技术学科,其中包含了许多不同的概念和技能。RPA 机器人作为一种可视化的流程工具,其设计过程严格遵循程序编写的逻辑。在编程的世界里,计算机语言和逻辑是每一位编程人员必须掌握的重要技能。本项目将详细介绍计算机语言对客观世界的理解方式和客观事物的分类方法,并介绍 RPA 中的数据类型和流程中逻辑的重要作用。通过本项目的学习,能够更好地理解计算机语言逻辑和 RPA 流程逻辑之间的共性特征,并建立起一个初步的 RPA 流程编写基础。

知识目标

1. 了解计算机语言和 RPA 机器人之间的关系。
2. 掌握 RPA 中的数据类型。
3. 了解三种程序结构的执行过程。

技能目标

1. 能够正确定义变量并赋值。
2. 能够绘制流程图。
3. 能够使用 UiBot 命令实现简单分支和循环结构。

素养目标

1. 通过学习 RPA 的编程语言和进行引导式思维训练,培养逻辑思考能力。
2. 通过学习 UiBot 软件的基础操作,打破传统财务形象,培养创新与探索精神。

思维导图

项目二思维导图如图 2-1 所示。

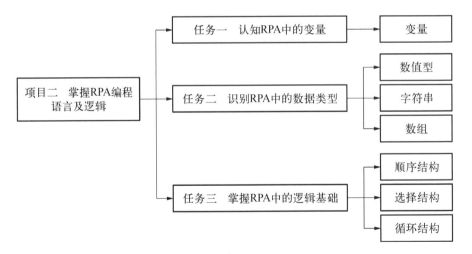

图 2-1 项目二思维导图

我们将程序开发时用来储存数据的并允许存储的数据变化的称为变量。在 UiBot 中，用到的变量是需要声明的，即告诉程序需要用到哪些变量。变量命名时，可以使用中英文、下划线、数字。同时需要注意变量名称不能以数字开头也不区分大小写。

变量命名举例：一月销售额、name_team1。

当需要创建变量时，可以在页面右侧属性框旁的变量框中声明变量，如图 2-2 所示。

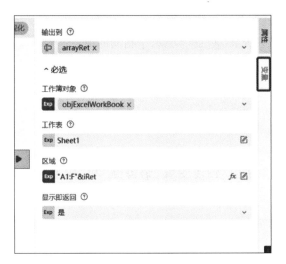

RPA 中的变量

图 2-2　变量框中声明变量

也可以通过源代码视图里的 dim 命令进行声明，如图 2-3 所示。

```
11    dim name_team1 = "laiye"
12    dim name_team2 = "train"
13    dim name_team3
14    dim name_team1 = "laiye",name_team2 = "train",name_team3
```

图 2-3　在 dim 中声明变量

具体方式为：

dim 变量名＝变量值

dim 变量名 1＝变量值 1,变量名 2＝变量值 2

【提示】设置属性栏中内容时,单击"Exp"键可进入专业模式,书写变量、公式、函数等内容;非专业模式下默认输入的内容是文本,所见即所得。

另外,当需要单独创建变量时,可以使用"变量赋值"命令声明变量,如图 2-4 所示。需要注意变量名的设定不能够使用 UiBot 关键字(如 if、break 等),如使用关键字则系统会显示错误提醒,如图 2-4 页面右侧属性栏所示(图中变量为错误示范)。

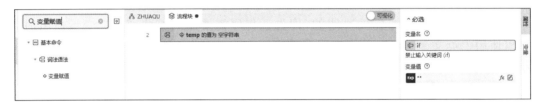

图 2-4   变量赋值

【示例 2-1】   已知 A 公司销售额为 500 元,成本为 100 元。使用 UiBot 计算 A 公司的净利润,并使用"输出调试信息"命令展示净利润的值。

【分析】

销售额=500;

成本=100;

净利润=销售额-成本

【具体操作步骤】

(1) 使用命令"变量赋值"创建变量"销售额"和"成本",分别如图 2-5、图 2-6 所示。

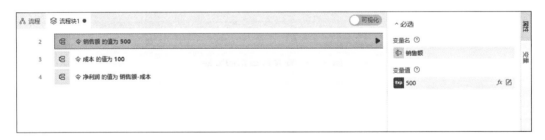

图 2-5   变量赋值——销售额

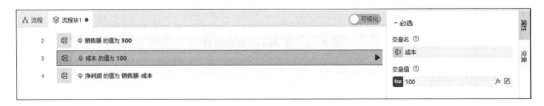

图 2-6   变量赋值——成本

（2）再次使用"变量赋值"创建变量"净利润"，注意这个变量的值是一个公式，即：销售额－成本，如图 2－7 所示。

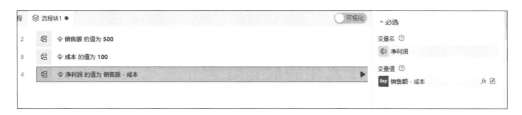

图 2－7　变量赋值——净利润

（3）使用"输出调试信息"命令向调试窗口输出变量"净利润"中的值，如图 2－8 所示，运行结果如图 2－9 所示。

图 2－8　输出调试信息

```
输出
[2022-10-20 17:52:46] [INFO] 工作路径已切换到 C:\Users\15903\Do
[2022-10-20 17:52:46] [INFO] 流程 流程块1.task 开始运行
[2022-10-20 17:52:46] [INFO] 流程块1.task 第4行: 400
[2022-10-20 17:52:46] [INFO] C:\Users\15903\Documents\UiBot\cr
已结束
```

图 2－9　【示例 2－1】运行结果

变量中可以储存多种类型的数据，包括数值型、字符型、逻辑型、数组、字典和 null。变量的有效范围只在该流程块内有效，流程块以外的区域内检测不到该变量的内容。

思考拓展

1. 下列变量的命名方式正确的有哪些？

(1) _shape;(2) 1_shape;(3) ％shape;(4) shape;(5) shape％1_。

2. 说明变量与常量的区别。

任务二 识别 RPA 中的数据类型

UiBot 可以处理多种类型的数据,本任务为大家介绍三种 UiBot 中常见的数据类型:数值型、字符串、数组。

一、数值型

数值型的数据包括整数(正整数、零、负整数)和小数。【示例 2-1】中变量销售额和成本中储存的值就是数值型的数据。数值型的数据可以直接用来进行算术运算(即加减乘除),是 UiBot 中最常见的基础数据类型。

二、字符串

字符串由任意字符组成,用成对的英文状态下的单引号(′′)、双引号(″″)或三引号(″″″″)标注。连接符"&"可以将两个字符串进行连接,使用"&"进行连接的字符串之间无空格,如图 2-10 所示。

字符串命令

数组与字典

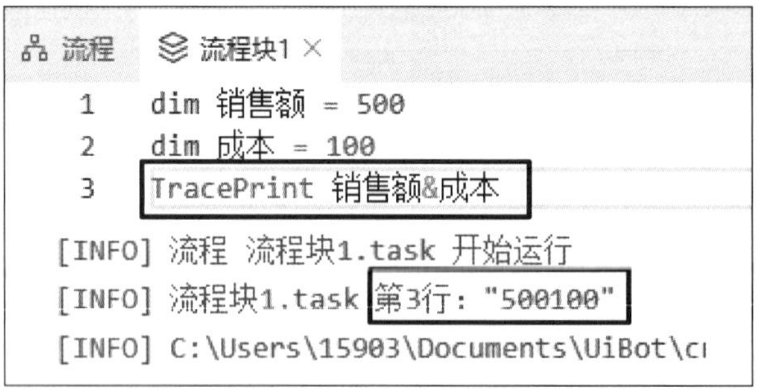

```
品 流程    流程块1 ×
1    dim 销售额 = 500
2    dim 成本 = 100
3    TracePrint 销售额&成本

[INFO] 流程 流程块1.task 开始运行
[INFO] 流程块1.task 第3行: "500100"
[INFO] C:\Users\15903\Documents\UiBot\c
```

图 2-10 "&"连接符示意

三、数组

(一) 数组的定义与访问

当将多个同种类型或者不同种类型的数据存放到一个变量中时,这个变量就称为数组或有序元素序列。数组里每一个数据称为数组的元素，每个元素的排序序号称为元素下标（索引），元素下标从 0 开始。

定义数组的表达方式为：

$$dim 数组名=［元素 1,元素 2,元素 3...］$$

定义数组用中括号括起来，相邻元素以半角状态的逗号进行间隔。获取数组中任意元素的值的方法为：数组名加中括号，括号内填入对应的元素下标即可。

获取元素值的表达方式为：

$$数组名［0］= 元素 1,数组名［1］= 元素 2$$

【示例 2‐2】　定义数组"水果摊＝［"西瓜"，"芒果"，"凤梨"］"，使用"输出调试信息"命令将数组中的每一个元素进行输出展示。

【具体操作步骤】

（1）使用"变量赋值"命令定义数组变量水果摊，如图 2‐11 所示。

图 2‐11　变量赋值——水果摊

（2）使用"输出调试信息"命令，利用数组下标将每一个元素进行输出展示，如图 2‐12 所示。【示例 2‐2】程序运行结果如图 2‐13 所示。可以看到，数组中第一个元素"西瓜"的下标为"0"，第二个元素"芒果"的下标为"1"，第三个元素"凤梨"的下标为"2"。

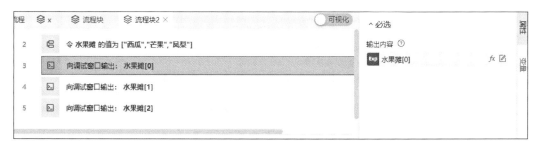

图 2‐12　输出调试信息

```
[2023-6-27 09:32:05] [INFO] 流程 流程块2.task 开始运行
[2023-6-27 09:32:05] [INFO] 流程块2.task 第3行："西瓜"
[2023-6-27 09:32:05] [INFO] 流程块2.task 第4行："芒果"
[2023-6-27 09:32:05] [INFO] 流程块2.task 第5行："凤梨"
```

图 2‐13　【示例 2‐2】程序运行结果

（二）数组相关的操作

在 UiBot 中，与数组相关的操作在数据处理大类中，如图 2‑14 所示。本任务为大家介绍其中五个操作的使用方式。

1. 在数组头部或尾部添加元素

在创建数组时，可以不输入数据，即创建一个空数组变量。数组变量中的数据可以改变，使用命令"在数组头部添加元素"和"在数组尾部添加元素"即可在数组变量的指定位置添加数据。

【示例 2‑3】　创建空数组变量"中国的直辖市"，在变量中依次添加我国的所有直辖市北京、天津、上海、重庆。

【具体操作步骤】

（1）使用"变量赋值"命令创建一个空数组命名为"中国的直辖市"，如图 2‑15 所示。

（2）使用命令"在数组末尾添加元素"，在空数组变量"中国的直辖市"中加入四个直辖市，如图 2‑16 所示。【示例 2‑3】运行结果在图 2‑17 中进行展示。

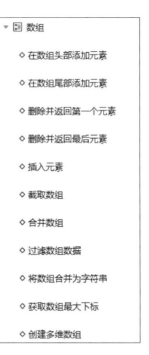

图 2‑14　数组相关操作

图 2‑15　变量赋值——中国的直辖市

图 2‑16　在数组末尾添加元素

```
[2022-10-20 19:34:01] [INFO] 流程块1.task 第7行: [
    "北京",
    "天津",
    "上海",
    "重庆"
]
```

图 2‑17　【示例 2‑3】运行结果

2. 依次读取数组中每个元素

使用"依次读取数组中每个元素"命令可以逐个获取数组内所有元素，通常可以在下方子序列添加"输出调试信息"用于在输出框展示读取结果。使用"依次读取数组中每个元素命令"将【示例 2-3】中的"中国的直辖市"数组变量中的元素依次输出，如图 2-18 所示。【示例 2-3】运行结果如图 2-19 所示。

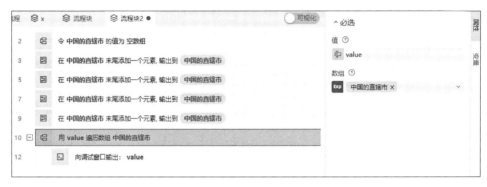

图 2-18 依次读取数组中每个元素

```
[2022-10-22 17:21:20] [INFO] 流程块1.task 第9行: "北京"
[2022-10-22 17:21:20] [INFO] 流程块1.task 第9行: "天津"
[2022-10-22 17:21:20] [INFO] 流程块1.task 第9行: "上海"
[2022-10-22 17:21:20] [INFO] 流程块1.task 第9行: "重庆"
```

图 2-19 运行结果

3. 截取数组

截取数组的命令可以按照元素下标与指定长度，从数组中截取需要的内容组成新的数组变量。

【示例 2-4】 创建数组变量"原数组"，表示数组["4","14","5","15","6","16"]。使用相关控件截取出"新数组"，包含["4","14","5","15"]四个元素。

【具体操作步骤】

创建数组变量"原数组"，使用"截取数组"命令从原数组中截取前四个元素组成新数组，如图 2-20 所示。【示例 2-4】运行结果如图 2-21 所示。

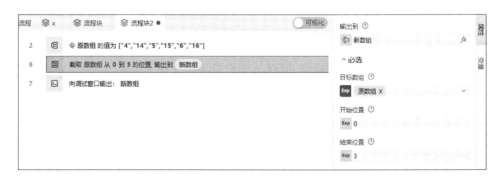

图 2-20 截取数组

```
[2022-10-22 18:06:37] [INFO] 流程块1.task 第4行：[
    "4",
    "14",
    "5",
    "15"
]
```

图 2-21 【示例 2-4】运行结果

4. 过滤数组数据

命令"过滤数组数据"可以过滤数组，将数组中的元素，包含设置检测的字符串的元素，全部保存并显示出来或者全部删除并显示过滤后的数组。

【示例 2-5】 将【示例 2-4】中创建的新数组中包含"5"的元素过滤出来并装入新数组变量(过滤后)中。

具体操作如图 2-22 所示，结果展示如图 2-23 所示。

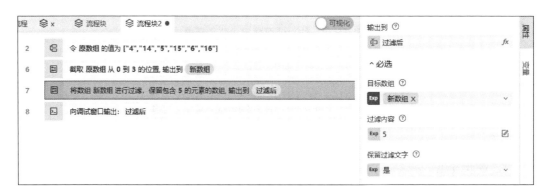

图 2-22 过滤数组数据

```
[2022-10-22 18:04:57] [INFO] 流程块1.task 第8行：[
    "5",
    "15"
]
```

图 2-23 【示例 2-5】运行结果

【提示】数组经常会与浏览器、Excel、数据抓取等预制件配合使用。需要掌握依次读取数组中每个元素、截取数组、数组与字符串切换等指令。

5. 数组与字符串

"将数组合并为字符串"命令可以将数组变成字符串，在储存数据时会占用更少的储存空间。命令"分割字符"则可以将指定字符串按照一定的规则分割成数组变量。在具体工作中，可以依照要求与适用场景选择合适的数据类型进行转换。

思考拓展

UiBot 中的运算符有哪些?

任务三　掌握 RPA 中的逻辑基础

计算机解决某个具体问题时,主要有三种情形,分别是顺序执行所有的语句、选择执行部分语句和循环执行部分语句。三种程序结构的释义如下。

(1)顺序结构:按编写顺序依次执行。

(2)选择结构:根据条件分支的结果选择执行不同的语句(即条件分支命令)。

(3)循环结构:在一定条件分支下,反复执行某段程序的流程结构,其中反复执行的语句称为循环体,决定循环是否终止的判断条件称为循环条件。

三种程序结构逻辑示意图如图 2 - 24 所示。

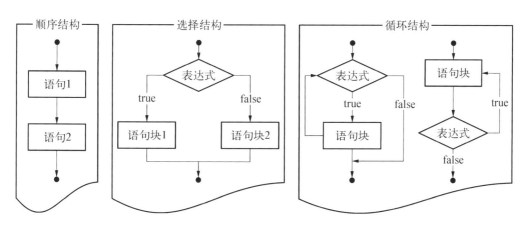

图 2 - 24　三种程序结构逻辑示意图

一、顺序结构

顺序结构是程序中最常见的一种流程结构,在本任务之前编辑过的程序都是顺序结构,在顺序结构中,语句的执行按照排列的先后进行。语句的排列顺序对于结构的运行有很大的影响,如果排列不正确,容易导致程序运行出现误差或报错。

【示例 2 - 6】　创建变量"算数 = 999 * 888 * 777",进行运算,并输出运算后的结果。

　　拖拽"变量赋值"命令定义变量,然后使用"输出调试信息"将变量(算数)进行输出展示,设计流程如图 2－25 所示。【示例 2－6】运行结果如图 2－26 所示,变量(算数)的值为"689 286 024"。

图 2－25　定义并输出变量——算数

```
[2023-6-27 11:50:20] [INFO] 流程 流程块2.task 开始运行
[2023-6-27 11:50:20] [INFO] 流程块2.task 第6行: 689286024
```

图 2－26　【示例 2－6】运行结果

　　如果改变命令的顺序,将变量的输出放置在变量的定义之前,则会导致程序运行时找不到变量的值。如果首先输出变量(算数)然后再进行变量赋值(图 2－27),程序运行的结果就会如图 2－28 所示,未定义的变量(算数)的值为空值(null)。

图 2－27　调换命令顺序

```
[2023-6-27 12:01:08] [INFO] 流程 流程块3.task 开始运行
[2023-6-27 12:01:08] [INFO] 流程块3.task 第2行: null
```

图 2－28　改变命令顺序后的运行结果

二、选择结构

(一) 单分支结构

　　单分支结构是最基本的条件选择结构,如果满足判断表达式中的条件,则执行模块内的语句。单分支结构的逻辑流程如图 2－29 所示。

　　其中,判断条件可以是单纯的布尔值或者变量,也可以是比较表达式或逻辑表达式,如 a＞b and a＜3。如果判断条件为真,则执行条件内的语句块。单分支结构一般使用"如果条件成立"命

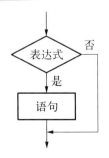

图 2－29　单分支结构

令进行设置。

【示例 2‑7】 定义变量"今天 = "星期日"",当天为星期日时,输出:"放假啦"。

【具体操作步骤】

(1) 页面左侧命令区找到命令"变量赋值"进行变量定义,如图 2‑30 所示。

图 2‑30 变量赋值

(2) 页面左侧命令区找到命令"如果条件成立"放置"变量赋值"之后,页面右侧属性栏"判断表达式"设置为"今天 = "星期日"",如图 2‑31 所示。

图 2‑31 如果条件成立

(3) 页面左侧命令区找到命令"输出调试信息"放置"如果条件成立"内部,注意,此步骤中的命令属于分支结构中的语句块,需要有缩进,如图 2‑32 所示。页面右侧属性栏中,"输出内容"框在专业模式下设置为":"放假啦""。

图 2‑32 输出调试信息

(4) 运行程序,因为变量"今天"当中的内容为字符串"星期日",判断表达式结果为真,执行相应的语句输出"放假啦",【示例 2‑7】运行结果如图 2‑33 所示。

```
[2023-6-28 10:28:52] [INFO] 流程 示例2_7.task 开始运行
[2023-6-28 10:28:52] [INFO] 示例2_7.task 第5行:"放假啦"
```

图 2‑33 【示例 2‑7】运行结果

(二) 双分支结构

双分支结构通常包含一个判断表达式和两条分支,双分支结构的逻辑流程如图 2-34 所示,满足判断表达式中的条件时,执行语句 1,不满足时则执行语句 2。

双分支结构一般使用"如果条件成立"和"否则执行后续操作"命令进行设置。

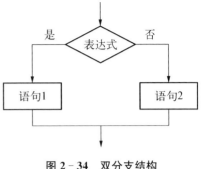

图 2-34   双分支结构

【示例 2-8】   定义变量:今天 = "星期一",当天为星期日时,输出:"放假啦",如果不是星期日,则输出:"上班咯"。

【具体操作步骤】

(1) 页面左侧命令区找到命令"变量赋值"进行变量定义,如图 2-35 所示。

图 2-35   变量赋值

(2) 页面左侧命令区找到命令"如果条件成立"放置"变量赋值"之后,页面右侧属性栏"判断表达式"设置为"今天 = "星期日"",如图 2-36 所示。

图 2-36   如果条件成立

(3) 页面左侧命令区找到命令"输出调试信息"放置"如果条件成立"内部,注意,此步骤中的命令属于分支结构中的语句块,需要有缩进,如图 2-37 所示。页面右侧属性栏中,"输出内容"在专业模式下输入:"放假啦"。

(4) 页面左侧命令区找到命令"否则执行后续操作"放置分支结构内部,与"如果条件成立"缩进一致,如图 2-38 所示。该命令无属性设置。

图 2-37 输出调试信息

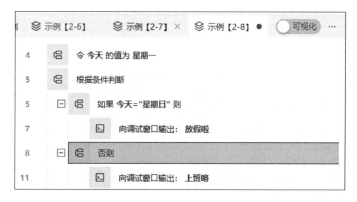

图 2-38 否则执行后续操作

（5）页面左侧命令区找到命令"输出调试信息"放置"否则执行后续操作"内部,如图 2-39 所示。页面右侧属性栏中,"输出内容"在专业模式下输入：″上班咯″。

图 2-39 输出调试信息

（6）运行程序,因为变量"今天"当中的内容为字符串"星期日",判断表达式结果为"假",执行相应的语句输出"上班咯",运行结果如图 2-40 所示。

```
[2023-6-28 10:28:27] [INFO] 流程 示例2_8.task 开始运行
[2023-6-28 10:28:27] [INFO] 示例2_8.task 第11行："上班咯"
```

图 2-40 【示例 2-8】运行结果

(三) 多分支结构

多分支结构是根据多个判断表达式的判断结果来选择不同语句块运行的一种分支结构,结构的逻辑流程如图 2‑41 所示。进入流程后,首先判断表达式 1 是否为"真",如果"是"则执行语句 1,否则进行表达式 2 的判断;如果表达式 2 为"真",则执行语句 2,否则进行表达式 3 的判断;如果表达式 3 为"真",则执行语句 3,否则执行语句 4。

多分支结构一般使用"如果条件成立""否则如果条件成立"和"否则执行后续操作"命令进行设置。

多分支结构的逻辑流程如图 2‑41 所示。

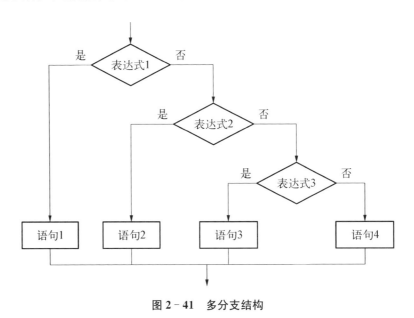

图 2‑41　多分支结构

【示例 2‑9】　学生的学号由入学年份,专业代码,班级序号和个人编号组成,如学号"2022010101"表示该生为 2022 年入学的,会计专业(专业代码为 01),一班的 1 号同学。使用"输入对话框"命令采集学生的学号,根据输入的学号判断该生是 2022 年当年入学的,2021 年(含)以前入学的,还是 2023 年入学的。

【具体操作步骤】

(1) 使用"输入对话框"命令创建一个对话框用于采集学生的学号,如图 2‑42 所示。页面右侧属性栏中的"输出到"使用默认变量名(sRet);"消息内容"输入本人学号;"对话框标题"设置为"学号采集";"仅支持数字"选择"是"。

(2) 页面左侧命令区找到命令"获取左侧字符串"放置在"输入对话框"之后,如图2‑43 所示。页面右侧属性栏中,"目标字符串"在专业模式下设置变量"sRet";"截取长度"为"4";"输出"框设置新变量"学号"用来保存截取到的内容。此时,已经获取了学号中用来表示入学年份的前四位字符,接下来需要将获取到的入学年份与 2022 年进行比较。

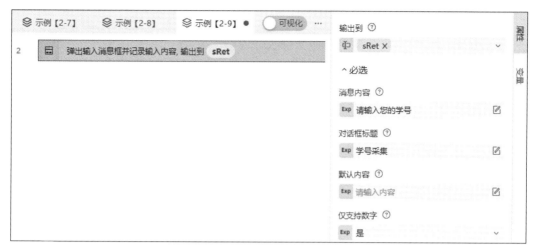

图 2-42 输入对话框

图 2-43 获取左侧字符串

（3）在比较大小之前，首先需要将变量"学号"当中保存的字符串内容转化为十进制的数字，页面左侧命令区搜索"转换为十进制数字"，将命令拖入执行区放置"获取左侧字符串"之后，如图 2-44 所示。页面右侧属性栏中的"输出到"选择变量"学号"；"转换对象"框在专业模式下选择变量"学号"。

图 2-44 转换为十进制数字

（4）使用"如果条件成立"命令输入判断表达式"学号＜2022"，如图 2-45 所示。

（5）条件成立时，使用"消息框"命令弹出"入学时间为 2021 年（含）之前"，具体操作如图 2-46 所示。

图 2-45　使用"如果条件成立"命令

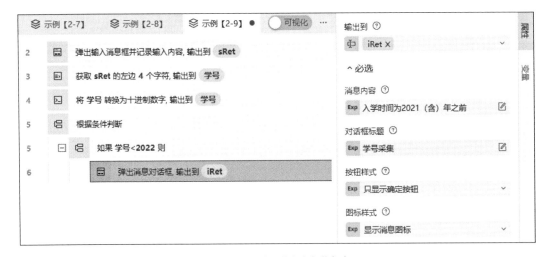

图 2-46　使用"消息框"命令

（6）页面左侧命令区找到命令"否则如果条件成立"放置条件分支结构内部，与"如果条件成立"缩进一致，如图 2-47 所示。页面右侧属性栏中的判断表达式输入"学号＝2022"。

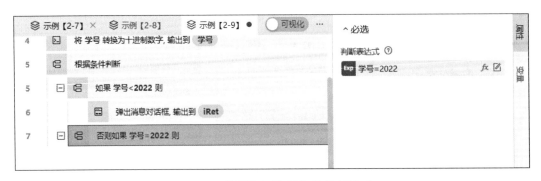

图 2-47　使用"否则如果条件成立"命令

（7）条件成立时，使用"消息框"命令弹出"入学时间为 2022 年"，具体操作如图 2-48 所示。

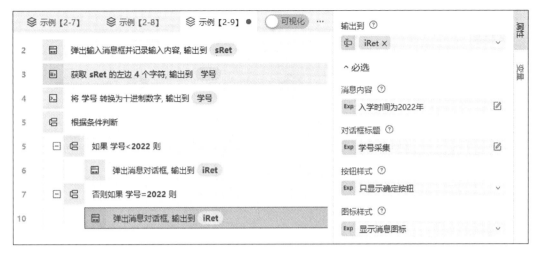

图 2‑48　使用"消息框"命令

（8）页面左侧命令区找到命令"否则执行后续操作"放置分支结构内部，条件成立时，使用"消息框"命令弹出"入学时间为 2023 年"，具体操作如图 2‑49 所示。

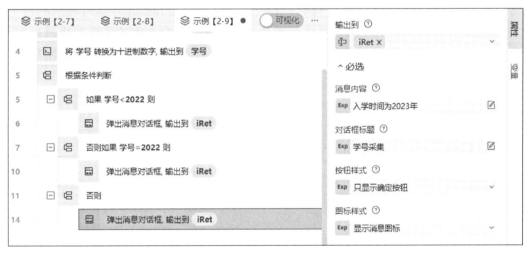

图 2‑49　使用"否则自行后续操作"命令

（9）运行程序，首先会弹出输入对话框，如图 2‑50 所示。在输入对话框中输入学号并点击"确定"按钮后，会弹出相应的消息框，如图 2‑51 所示。

图 2‑50　输入对话框显示

图 2-51 消息框显示

循环结构
训练

三、循环结构

(一)条件循环

在 UiBot 中,条件循环是指使用"Do...Loop"语言来实现条件的循环,即满足一定条件时,循环执行某一语句块。条件循环又分为前置条件循环和后置条件循环。

前置条件循环即先进行条件判断,当条件满足(不满足)时,循环执行相应的语句块,前置条件循环结构的逻辑示意图如图 2-52 所示。图中左侧的流程主要通过"当前置条件成立时"命令进行设置;右侧的流程则通过"当前置条件不成立时"进行设置。

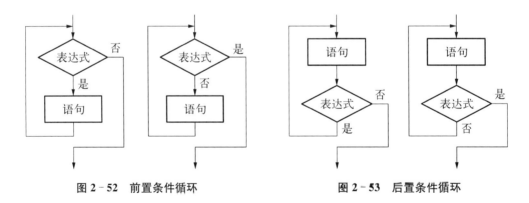

图 2-52 前置条件循环   图 2-53 后置条件循环

后置条件循环的两种情况如图 2-53 所示,图中左侧的流程主要通过"先执行操作(当后置条件成立时继续循环执行操作)"命令进行设置;右侧的流程则通过"先执行操作(当后置条件不成立时继续循环执行操作)"进行设置。

【示例 2-10】 使用条件循环组件输出数字 1—10。

【具体操作步骤】

页面左侧命令区找到命令"变量赋值",定义变量"数字=1",如图 2-54 所示。

页面左侧命令区找到命令"当前置条件成立时",放置在"变量赋值"之后,如图 2-55 所示,页面右侧属性栏中,"判断表达式"设置为"数字<=10"。

图 2 - 54　变量赋值

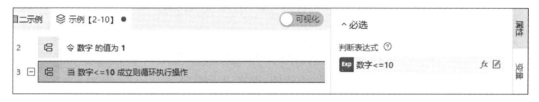

图 2 - 55　当前置条件成立时

　　页面左侧命令区找到命令"输出调试信息"，放置在"当前置条件成立时"内部，如图 2 - 56 所示，页面右侧属性栏中，"输出信息"框在专业模式下填写变量"数字"。

图 2 - 56　输出调试信息

　　页面左侧命令区找到命令"变量赋值"，放置在"输出调试信息"之后，更新变量"数字"中的内容，以保证程序能够循环运行，如图 2 - 57 所示。页面右侧属性栏中，"变量名"填写"数字"；"变量值"在专业模式下填写"数字＋1"。

图 2 - 57　变量赋值

（二）计次循环

计次循环主要用于执行一定次数的循环，变量从起始值开始，每循环一次自动增加步长，直到大于结束值，循环结束。在 UiBot 中，使用"从初始值开始按步长计数"命令来设置计次循环，计次循环结构的逻辑示意图如图 2-58 所示。

【示例 2-11】 使用计次循环结构计算出数字 1—10 的和。

【具体操作步骤】

（1）页面左侧命令区找到命令"变量赋值"，设置初始求和值"令 sum 的值为 0"，如图 2-59 所示。

（2）页面左侧命令区找到命令"从初始值开始按步长计数"，放置在"变量赋值"之后，设置计次循环结构，如图 2-60 所示。页面右侧属性栏中"初始值"为"1"；"结束值"为"10"。

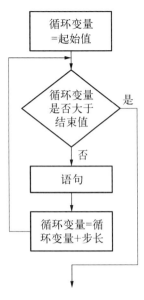

图 2-58 计次循环

图 2-59 变量赋值

图 2-60 从初始值开始按步长计数

（3）页面左侧命令区找到命令"变量赋值"，放置"从初始值开始按步长计数"命令内部，如图 2-61 所示。页面右侧属性栏中，"变量名"填写"*sum*"；"变量值"框填写"*sum*＋*i*"。

图 2－61　变量赋值

（4）使用"输出调试信息"命令将求和结果"sum"进行输出，【示例 2－11】运行结果如图 2－62 所示。由此可知，数字 1—10 的和为 55。

```
C:\Users\HP\Documents\UiBot\creator\Projects\项目二示例\
[2023-6-28 22:44:31] [INFO] 流程 流程块2.task 开始运行
[2023-6-28 22:44:31] [INFO] 流程块2.task 第6行: 55
```

图 2－62　【示例 2－11】运行结果

（三）无限循环

无限循环即没有结束条件的循环结构，通常会结合结束循环的语句（即 Break 语句）一起使用，无限循环结构的逻辑流程如图 2－63 所示。在 UiBot 中，使用"无限循环执行操作"设置无限循环结构。

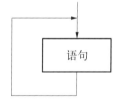

图 2－63　无限循环

（四）Break 和 Continue 语句

Break 语句是用于跳出循环，执行循环体后面的语句，其逻辑流程如图 2－64 所示。Continue 语句用于跳出本次循环，执行下一次循环，其逻辑流程如图 2－65 所示。

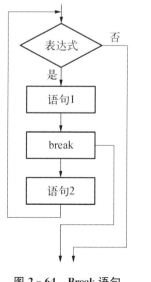

图 2－64　Break 语句

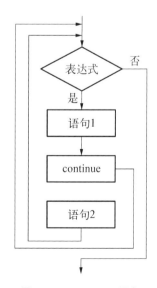

图 2－65　Continue 语句

【示例 2-12】　求数字 1—10 中奇数之和。

【分析】　在【示例 2-11】的基础上进行程序更改以满足题目要求。

【具体操作步骤】

（1）页面左侧命令区找到命令"如果条件成立"放置在循环结构内部"变量赋值"之前，如图 2-66 所示。页面右侧属性栏中，"判断表达式"设置为"$i \bmod 2=0$"，即表示 i 除以 2 的余数为 0，满足条件的 i 即为偶数。

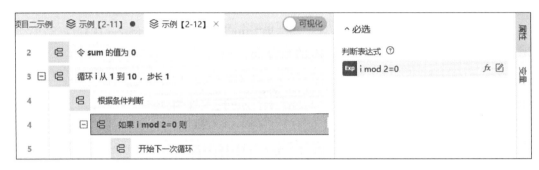

图 2-66　如果条件成立

（2）页面左侧命令区找到命令"继续循环"，放置"如果条件成立"内部，如图 2-67 所示，该命令无属性设置。用于在遇到偶数时跳过当次循环，其余命令保持不变。

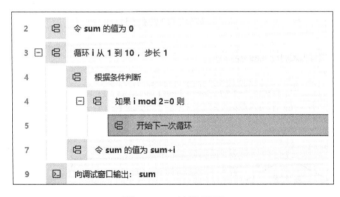

图 2-67　继续循环

程序结构综合演练

思考拓展

分别画出以下三个计算机逻辑流程的示意图：

1. 顺序：自动化处理一个订单

［流程］

（1）读取订单信息。

（2）检查库存是否充足。

（3）如果库存充足，更新库存并将订单标记为已处理。

（4）如果库存不充足，将订单标记为未处理并发送通知给仓库管理员。

在这个流程中，顺序很重要。我们必须先读取订单信息，才能检查库存，然后才能更新库存并将订单标记为已处理，否则订单可能会被误处理。

2. 判断：自动化处理客户服务请求

［流程］

（1）读取客户服务请求。

（2）如果请求是一个退款请求，处理退款并发送确认邮件给客户。

（3）如果请求是一个投诉，将投诉记录到数据库中，并发送一个通知给客户服务经理。

（4）如果请求是一个一般性问题，自动发送一个回复电子邮件给客户。

在这个流程中，判断很重要。我们必须对不同类型的服务请求进行区分，并根据不同的请求类型采取不同的行动。如果我们不进行判断，服务请求可能会被误处理。

3. 循环：自动化处理大量的数据

［流程］

（1）读取数据。

（2）对于每个数据项，进行以下操作。

① 如果数据项满足条件 A，执行操作 A。

② 如果数据项满足条件 B，执行操作 B。

③ 如果数据项不满足条件 A 或条件 B，将其标记为异常数据并将其记录到日志文件中。

在这个流程中，循环很重要。必须对每个数据项进行处理，并根据不同的条件执行不同的操作。如果不使用循环，可能会漏掉一些数据项或者误处理一些数据项。

项目小结

本项目一共包含三个任务，分别讲解了 UiBot 中的变量，数据类型和逻辑结构。将日常生活中的场景和 UiBot 一一对应起来，通过对循环和判断等逻辑控制语句的介绍，将 UiBot 处理事务流程的过程和方法进行了简单的呈现。这些分类的方法和流程逻辑控制的方法，能对 UiBot 的基本原理以及工作机制有个基本的了解。在后续的项目中将介绍更多的具体案例反复实践和强化这些知识点。

课后习题

【习题 2-1】　判断数字是否为 5 的倍数。定义数组"array1"，从键盘依次输入 10 个正整数，如果输入的数是 5 的倍数，则将该数添加到"array1"中，最后输出"array1"。

【习题 2-2】　编写一个报时机器人，每隔一秒在调试窗口输出当前时间，当时间的秒数为 0 时，停止运行。

📖 **知行合一**

　　某位经验丰富的流程设计师,他在一家大型制造公司工作。他通过对公司各个生产环节进行深入调研和数据分析,识别出了许多制约生产效率的瓶颈和浪费问题。他与团队合作设计了一套创新的生产制造流程,包括自动化设备的引入、优化的物料流动和质量控制措施。这些改变大大提高了公司的生产效率和产品质量,为公司创造了巨大的经济效益。

　　点评:本书使用的工具就是"流程创造者",在设计机器人的时候,有多种流程设计都可以完成任务,但哪种流程设计更加高效,需要不断尝试,执着专注、精益求精、一丝不苟、追求卓越的工匠精神。

项目三

提成计算与财报
生成机器人运用

随着大数据时代的到来,企业经济事项更加复杂,大量的会计记录、财务分析给财务工作者带来了很大的挑战。当今社会,能借助现代化手段对财务数据进行高效整理和分析是一个财务人员或者管理人员必备的技能之一。掌握 Excel 和 Word 两个高频使用的办公软件已经成为大数据时代下每个财务人的必备技能。在使用 Excel 和 Word 处理日常财务数据时,经常需要涉及数据计算与财报生成等重复性工作,由于操作对象的不统一,人工处理数据时较易出错。此时,UiBot 机器人能够为复杂、枯燥又繁琐的数据处理工作提供很大的帮助。本项目将讲解如何使用 UiBot 机器人搭建自动化操作流程完成提成计算与财报生成业务。

1. 掌握使用 UiBot 调用 Excel 工作簿并读取工作表内的数据的方法。

2. 掌握使用数据表对数据进行筛选的方法。

3. 掌握使用 UiBot 调用 Word 文档进行操作的方法。

技能目标

1. 能够掌握办公软件的自动化流程搭建方法。

2. 能够实现数字化财务软件间的融合使用。

素养目标

1. 通过判断流程的搭建,培养制定判断准则意识,坚守底线与红线的习惯。

2. 通过对任务场景与需求的归纳,培养以总结与发展的眼光看待事物的意识。

思维导图

项目三思维导图如图 3-1 所示。

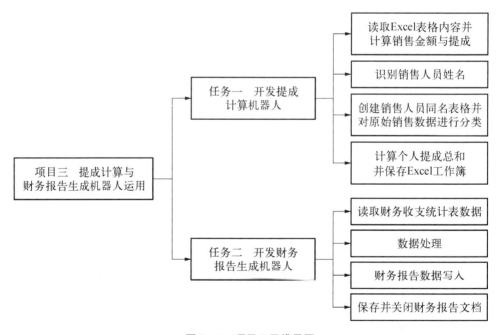

图 3-1 项目三思维导图

任务一　开发提成计算机器人

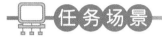

任务场景

购物中心为了聚拢人气，将进行为期一周的特卖活动。为提高销售人员的积极性，经理决定将销售提成设置为销售额的5%。活动结束后，需要统计出每位柜员的销售数据并计算个人提成。小也作为购物中心的财务人员，从收银结算系统中提取出了销售台账Excel工作簿，工作簿中记录了购物中心所有销售人员的销售信息，包含姓名、销售日期、物品单价、销售数量等信息，销售台账如图3-2所示。经理告知小也因为此次特卖活动收效良好，今后会每周开展一次，每次特卖会结束后，小也需要计算出每位销售人员应计提的销售金额与应得的销售提成并保存在各自姓名命名的工作表中。为了提升工作效率并减少出错比率，小也决定使用UiBot开发一个提成计算机器人，方便之后需要时随时调用。

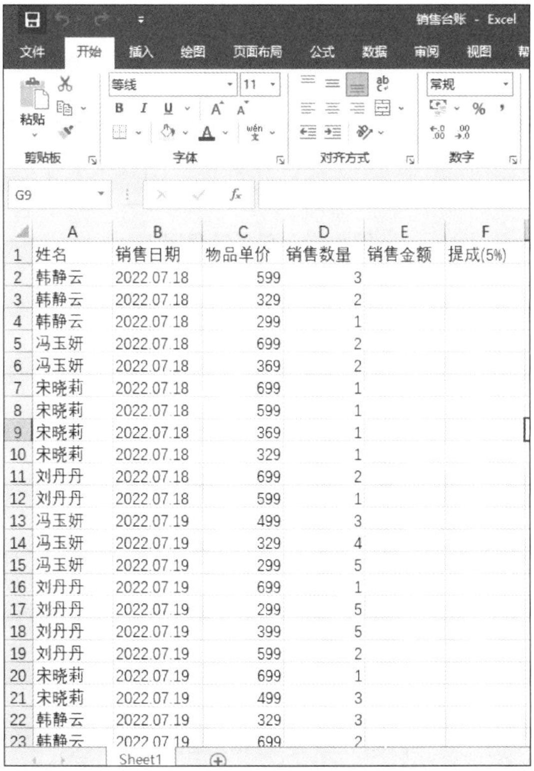

	A	B	C	D	E	F
1	姓名	销售日期	物品单价	销售数量	销售金额	提成(5%)
2	韩静云	2022.07.18	599	3		
3	韩静云	2022.07.18	329	2		
4	韩静云	2022.07.18	299	1		
5	冯玉妍	2022.07.18	699	2		
6	冯玉妍	2022.07.18	369	2		
7	宋晓莉	2022.07.18	699	1		
8	宋晓莉	2022.07.18	599	1		
9	宋晓莉	2022.07.18	369	1		
10	宋晓莉	2022.07.18	329	1		
11	刘丹丹	2022.07.18	699	2		
12	刘丹丹	2022.07.18	599	1		
13	冯玉妍	2022.07.19	499	3		
14	冯玉妍	2022.07.19	329	4		
15	冯玉妍	2022.07.19	299	5		
16	刘丹丹	2022.07.19	699	1		
17	刘丹丹	2022.07.19	299	5		
18	刘丹丹	2022.07.19	399	5		
19	刘丹丹	2022.07.19	599	2		
20	宋晓莉	2022.07.19	699	1		
21	宋晓莉	2022.07.19	499	3		
22	韩静云	2022.07.19	329	3		
23	韩静云	2022.07.19	699	2		

图3-2　销售台账

一、任务分析

开始流程制作前,首先需要对整个任务进行任务点拆分以保证 UiBot 机器人能够运行成功。在本案例中,整个流程可以表述为:

(1) 读取 Excel 表格内容并计算销售金额与提成。

(2) 使用 UiBot 识别表格中销售人员姓名。

(3) 创建销售人员同名工作表格后按照人名对原始销售数据进行分类。

(4) 计算个人提成总和并保存到各自人名对应的工作表中。

二、流程图/步骤分解

任务流程图如图 3 - 3 所示,任务步骤分解表如表 3 - 1 所示。

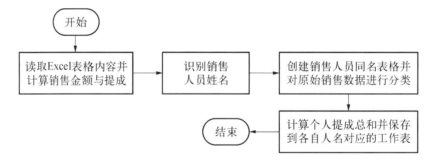

图 3 - 3　任务流程图

表 3 - 1　任务步骤分解表

步　　骤	命　　令
步骤一:读取 Excel 表格内容并计算销售金额与提成	(1) 打开 Excel 工作簿 (2) 获取行数 (3) 从初始值开始按步长计数 (4) 写入单元格——计算销售金额 (5) 写入单元格——计算提成
步骤二:识别销售人员姓名	(1) 读取列 (2) 构建数据表 (3) 数据表去重 (4) 转换为数组

续　表

步　骤	命　令
步骤三：创建销售人员同名表格并对原始销售数据进行分类	（1）读取区域 （2）依次读取数组中每个元素 （3）创建工作表 （4）写入行 （5）变量赋值 （6）依次读取数组中每个元素 （7）如果条件成立 （8）在数组尾部添加元素 （9）写入区域
步骤四：计算个人提成总和并保存到与各自人名对应的工作表	（1）获取行数 （2）写入单元格 （3）保存 Excel 工作簿

任务实施

一、读取 Excel 表格内容并计算销售金额与提成

（一）打开 Excel 工作簿

页面左侧命令区中找到命令"打开 Excel 工作簿"，双击或拖入执行区，如图 3 - 4 所示。

图 3 - 4　打开 Excel 工作簿

页面右侧属性栏中"文件路径"框，点击"文件夹"图标，选择需要打开的 Excel 工作簿。打开方式根据所使用的电脑上安装的软件选择 WPS 或者 Excel。"输出到"框中可以设置"销售台账"给打开的 Excel 工作簿进行流程内命名。

> 【提示】原始销售台账表格如图 3-2 中所示,有一个工作表(Sheet1),储存了本周内所有销售人员的销售信息。

(二) 获取行数

页面左侧命令区中找到命令"获取行数",双击或拖入执行区,放置在"打开 Excel 工作簿"之后,如图 3-5 所示。后续命令如无特别说明,均放置在上一个活动后。

图 3-5   获取行数

页面右侧属性栏中,"工作表"框为"Sheet1",将获取到的工作表行数"输出到"变量"销售台账总行数"中。这一步意在获取 Excel 表格当中内容的总行数,为下一步计算销售金额与提成作准备。

在现实工作场景中,每次接收到的原始销售台账包含的信息数量可能并不一致,销量高时,销售台账包含的销售信息条数多,当销量低时,销售信息条数则少,应尽量避免在流程中作过多的"人工干预"。想要查看工作表总行数时,使用命令"获取行数"并将行数信息放入变量"销售台账总行数"中,这个操作能够保证在对销售信息数量不一致的销售台账表格进行处理时,每个表格的总行数能够被 UiBot 自动识别并放入变量"销售台账总行数"中。如果这里人为地查看当前表格的行数并进行简单的变量赋值"销售台账总行数=90",那么当进行不同的原始表格处理时,"销售台账总行数"这一变量中记录的就不是当前表格的行数,而是设置好的 90 行,结果会出现错误。

(三) 从初始值开始按步长计数

接下来需要使用循环流程计算每个销售员的销售金额与提成。观察工作表,销售金额"E"列的值等于"C"列的值乘以"D"列的值,销售提成"F"列的值为"E"列的值乘以 5%。销售记录表如图 3-6 所示。

左侧命令区中找到命令"从初始值开始按步长计数",双击或拖入执行区,放置在"获取行数"之后,如图 3-7 所示。

页面右侧属性栏中,"索引名称"框为"i",将"初始值"改为"2",因为工作表中记录的数据由第二行开始,第一行为表头;"结束值"框先点击"Exp"按钮,选择"专业模式",填入代表总行数的变量"销售台账总行数",这一步标注出了循环计算的次数为整个工作表的总行数次。

	A	B	C	D	E	F
1	姓名	销售日期	物品单价	销售数量	销售金额	提成(5%)
2	韩静云	2022.07.18	599	3		
3	韩静云	2022.07.18	329	2		
4	韩静云	2022.07.18	299	1		
5	冯玉妍	2022.07.18	699	2		
6	冯玉妍	2022.07.18	369	2		
7	宋晓莉	2022.07.18	699	1		
8	宋晓莉	2022.07.18	599	1		
9	宋晓莉	2022.07.18	369	1		
10	宋晓莉	2022.07.18	329	1		
11	刘丹丹	2022.07.18	699	2		

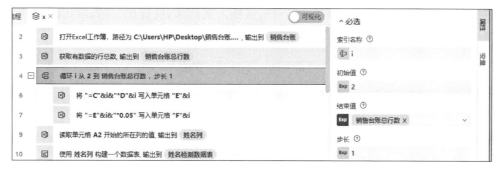

图 3-6　销售记录表

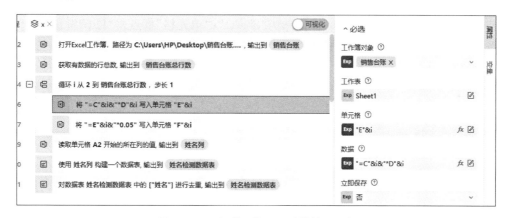

图 3-7　从初始值开始按步长计数

（四）写入单元格——计算销售金额

页面左侧命令区中找到命令“写入单元格”，双击或拖入执行区，放置在“从初始值开始按步长计数”内部，如图 3-8 所示。

图 3-8　写入单元格——计算销售金额

【提示】 i 变量，根据循环改变自身数值。当 $i=2$ 时，则表示将“=C2 * D2”写入单元格“E2”中，“&”为连接符，连接字符串与变量。

页面右侧属性栏中，"工作簿对象"框在专业模式下选择"销售台账"，"工作表"框填入当前工作表的名称，默认为"Sheet1"；"单元格"框选择"专业模式"，然后填写"$"E"\&i$"，这一步表示在"Ei"这个单元格中书写内容，由于i为循环计数变量，"$"E"\&i$"的书写方式可以达成在单元格 E2，E3，E4，…中循环书写内容的操作。"数据"框设置同样先点击"Exp"按钮，将其切换为"专业模式"，填入"$="C"\&i\&"*D"\&i$"，这一步骤可以将整张表格中E列的销售金额计算出来并写入。

（五）写入单元格——计算提成

接下来需要将 F 列的提成计算出来。操作方式与上一步计算 E 列销售金额类似。左侧命令区中找到命令"写入单元格"，双击或拖入执行区，放置在"写入单元格"之后，如图 3-9 所示。

图 3-9　写入单元格——计算提成

页面右侧属性栏中，"工作表"框依然为"Sheet1"；"单元格"框点击"Exp"按钮，选择"专业模式"，将"$"F"\&i$"写入；"数据"框点击"Exp"按钮，选择为"专业模式"，将"$="E"\&i\&"*0.05"$"写入。

> 【提示】即当i为2时，在单元格"F2"中写入公式"$=E2*0.05$"。步长为1，i逐渐增大，以此类推。

至此，完成了项目流程的第一个环节，计算了所有销售信息对应的销售金额与提成。

二、识别销售人员姓名

（一）读取列

页面左侧命令区中找到命令"读取列"，双击或拖入执行区，放置"从初始值开始按步长计数"外部，如图 3-10 所示。

图 3-10 读取列

页面右侧属性栏中,"工作簿对象"框在专业模式下选择"销售台账","工作表"框默认为"Sheet1",无须更改;"单元格"框写入"A2",这一步骤表示读取 A2 单元格开始 A 列的所有内容,即读取所有销售信息中包含的员工姓名。"输出到"框中创建数组变量"姓名列",用来存储读取到的姓名信息。

【提示】UiBot 在读取 Excel 内容时(行、列、区域),以数组的形式储存读取到的内容。

(二)构建数据表

此时,需要用到数据表功能中的"数据表去重"命令将"姓名列"中记录的重复的姓名删除,但"姓名列"变量的数据类型是数组,因此,需要先将"姓名列"转换为数据表。

页面左侧命令区中找到命令"构建数据表",拖入执行区,放置在"读取列"下方,如图 3-11 所示。

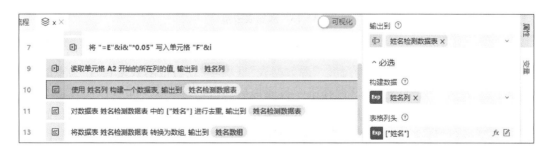

图 3-11 构建数据表

页面右侧属性栏中,"输出到"框设置变量"姓名检测数据表"给生成的数据表命名,"构建数据"框选择专业模式并选择"姓名列","表格列头"可以设置为"["姓名"]"。

完成后,可以使用"输出调试信息"在输出栏查看数据表的具体内容。输出的结果如图 3 - 12 所示。由结果可知,"姓名检测数据表"收录了原始表格中所有销售信息中包含的销售人员姓名。

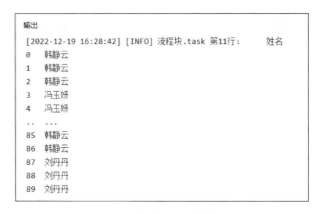

图 3 - 12   姓名检测数据表内容展示

(三) 数据表去重

页面左侧命令区中找到命令"数据表去重",拖入执行区,放置在"构建数据表"下方,如图 3 - 13 所示。

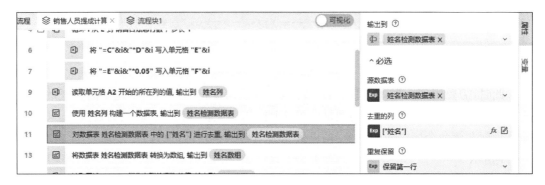

图 3 - 13   数据表去重

页面右侧属性栏中,"输出到"框填写"姓名检测数据表",表示将去重完成后的数据表更新到"姓名检测数据表"进行存储。"源数据表"框填写"姓名检测数据表","去重的列"框填写"["姓名"]";"重复保留"选择第一行或最后一行均可。这一步可以实现将"姓名检测数据表"当中重复的人名进行过滤,即检测出原始账簿中含有的所有销售人员姓名。接下来,需要将"姓名检测数据表"中的数据由表格类型转换成数组类型,便于后续的操作。

(四) 转换为数组

页面左侧命令区中找到命令"转换为数组",拖入执行区的"数据表去重"命令下方,如

图 3-14 所示。

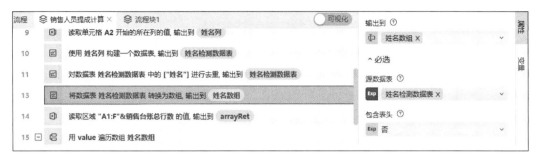

图 3-14 转换为数组

页面右侧属性栏中，"输出到"框填写新的数组变量名"姓名数组"，用来储存转换后的数据；"源数据表"框填写"姓名检测数据表"；选择不含表头。到这一步，可以通过"输出调试信息"查看"姓名数组"中的数据内容与形式，如图 3-15 所示。可以看到数组中包含四个销售人员的姓名，每一个销售人员的姓名都是一个单独的一维数组。

```
输出                                                    🗑 ×
[2022-12-19 16:36:02] [INFO] 流程块.task 第14行: [
    [
        "韩静云"
    ],
    [
        "冯玉妍"
    ],
    [
        "宋晓莉"
    ],
    [
        "刘丹丹"
    ]
]
[2022-12-19 16:36:02] [INFO] C:\Users\HP\Documents\UiBot\creator\Projects\流程\流程块.task 运行已结束
```

图 3-15 "姓名数组"中的内容

三、创建销售人员同名表格并对原始销售数据进行分类

(一) 读取区域

想要进行信息分类，首先需要读取销售台账中记录的所有销售人员的相关信息。页面左侧命令区中找到命令"读取区域"，放置在"转换为数组"下方，如图 3-16 所示。

页面右侧属性栏中，"输出到"框默认为"arrayRet"，无须更改；"工作簿对象"选择专业模式后，从下拉框中选择"销售台账"；"工作表"框默认为"Sheet1"；"区域"框在专业模式下填写""A1：F"&销售台账总行数"。

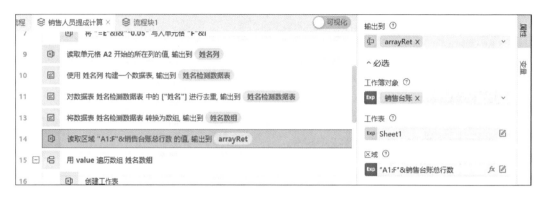

图 3-16 读取区域

到这里已经完成了数据分类的准备工作。"姓名数组"存储了所有销售人员的姓名，同时，"arrayRet"储存了所有销售人员的销售信息。接下来，需要设计一个嵌套循环流程来完成数据分类。其中，"姓名数组"控制外循环，"arrayRet"控制内循环。

(二) 依次读取数组中每个元素

首先设置外循环。页面左侧命令区中找到命令"依次读取数组中每个元素"，放置在"读取区域"下方，如图 3-17 所示。

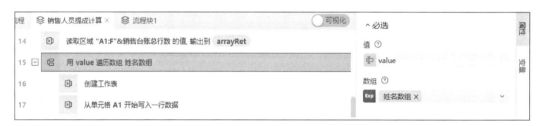

图 3-17 依次读取数组中每个元素

页面右侧属性栏中"值"框默认"value"；"数组"框选择专业模式后填写"姓名数组"。

(三) 创建工作表

根据读取到的"姓名数组"中的员工姓名创建工作表。页面左侧命令区中找到命令"创建工作表"，放置在"依次读取数组中每个元素"内部，如图 3-18 所示。

页面右侧属性栏中，"工作簿对象"框在专业模式下选择"销售台账"，表明还在原始的销售台账工作簿中创建新的工作表；"新表名"框选择专业模式后书写"value[0]"。

【提示】这里的"value"指代的是当次循环中"姓名数组"中的元素，由于"姓名数组"中的元素都是数组，因此使用"value[0]"来表示数组中的第一个元素，即销售员姓名。

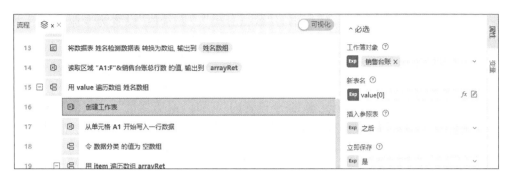

图 3‑18　创建工作表

(四) 写入行

接下来,需要在创建好的新工作表中写入该销售员的销售信息。首先,使用"写入行"在新工作表的第一行书写表头。页面左侧命令区中找到命令"写入行",放置在"创建工作表"下方,如图 3‑19 所示。

图 3‑19　写入行

页面右侧属性栏中"工作簿对象"框在专业模式下填写"销售台账";"工作表"框在专业模式下填写"value[0]";"数据"框在专业模式下填写"["姓名","销售日期","物品单价","销售数量","销售金额","提成"]"。

(五) 变量赋值

页面左侧命令区中找到命令"变量赋值",放置在"写入行"下方,如图 3‑20 所示。

图 3‑20　变量赋值

页面右侧属性栏中，"变量名"框书写"数据分类"；"变量值"设置为专业模式后书写"［］"。这里创建了一个空的数组变量"数据分类"用来储存销售信息。

（六）依次读取数组中每个元素

使用"依次读取数组中每个元素"命令设置内层循环，遍历变量"arrayRet"中的数据。页面左侧命令区中找到命令"依次读取数组中每个元素"，放置在"变量赋值"下方，如图3-21所示。

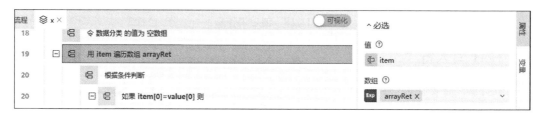

图3-21　依次读取数组中每个元素（内循环设置）

页面右侧属性栏中，"值"可以改为"item"，与外层循环的迭代变量"value"进行区分；"数组"框改为专业模式后选择"arrayRet"。

（七）如果条件成立

页面左侧命令区中找到命令"如果条件成立"，放置在"依次读取数组中每个元素"内部，如图3-22所示。

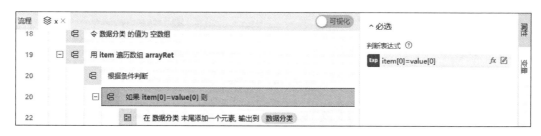

图3-22　如果条件成立

页面右侧属性栏中的"判断表达式"设置为"item［0］＝value［0］"。这一步的目的在于筛选出每条销售信息中，销售员姓名（item［0］）等于工作表名称（value［0］）的数据。

（八）在数组尾部添加元素

页面左侧命令区中找到命令"在数组尾部添加元素"，放置在"如果条件成立"分支结构内部，如图3-23所示。

页面右侧属性栏中"输出到"框和"目标数组"框都选择专业模式并填写"数据分类"；将"添加元素"框在专业模式下设置为"item"。

图3-23 在数组尾部添加元素

(九) 写入区域

页面左侧命令区中找到命令"写入区域",放置在"依次读取数组中每个元素"外部,如图3-24所示。

图3-24 写入区域

页面右侧属性栏中,将"工作簿对象"框在专业模式下设置为"销售台账";"工作表"框在专业模式下设置为"value[0]";"开始单元格"框填写"A2";"数据"框在专业模式下填写"数据分类"。

四、计算个人提成总和并保存 Excel 工作簿

(一) 获取行数

页面左侧命令区中找到命令"获取行数",放置在"写入区域"下方,如图3-25所示。

页面右侧属性栏中,"输出到"框填写"个人表格总行数";"工作簿对象"框在专业模式下选择"销售台账";"工作表"框在专业模式下填写"value[0]"。

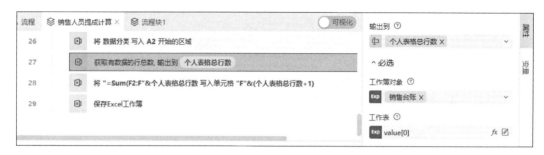

图 3‑25　获取行数

（二）写入单元格

页面左侧命令区中找到命令"写入单元格"，放置在"获取行数"下方，如图 3‑26 所示。

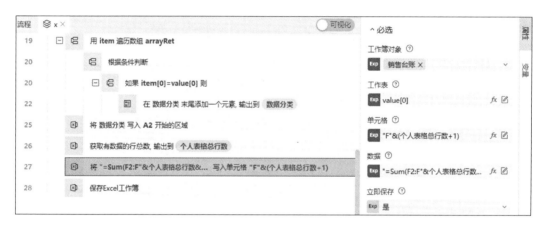

图 3‑26　写入单元格

页面右侧属性栏中，所有栏目均选择专业模式。"工作簿对象"框设置为"销售台账"；"工作表"框设置为"value[0]"；"单元格"框设置为""F"&（个人表格总行数＋1）"；"数据"框书写""＝Sum(F2：F"& 个人表格总行数 &")""。

（三）保存 Excel 工作簿

页面左侧命令区中找到命令"保存 Excel 工作簿"，放置在"写入单元格"下方，如图 3‑27 所示。

图 3‑27　保存 Excel 工作簿

页面右侧属性栏中,"工作簿对象"在专业模式下选择"销售台账"。

完成后的"销售台账"工作簿包含四位销售人员的姓名命名的工作表,每个工作表中记录了该销售人员的销售信息与提成总计,流程运行结果如图 3－28 所示。

▲	A	B	C	D	E	F
1	姓名	销售日期	物品单价	销售数量	销售金额	提成
2	刘丹丹	2022.07.18	699	2	1398	69.9
3	刘丹丹	2022.07.18	599	1	599	29.95
4	刘丹丹	2022.07.19	699	1	699	34.95
5	刘丹丹	2022.07.19	299	5	1495	74.75
6	刘丹丹	2022.07.19	399	5	1995	99.75
7	刘丹丹	2022.07.19	599	2	1198	59.9
8	刘丹丹	2022.07.20	499	1	499	24.95
9	刘丹丹	2022.07.20	299	2	598	29.9
10	刘丹丹	2022.07.20	329	1	329	16.45
11	刘丹丹	2022.7.21	499	2	998	49.9
12	刘丹丹	2022.7.21	399	3	1197	59.85
13	刘丹丹	2022.07.22	699	1	699	34.95
14	刘丹丹	2022.07.22	369	4	1476	73.8
15	刘丹丹	2022.07.22	499	3	1497	74.85
16	刘丹丹	2022.07.23	299	3	897	44.85
17	刘丹丹	2022.07.23	369	2	738	36.9
18	刘丹丹	2022.07.23	499	3	1497	74.85
19	刘丹丹	2022.07.23	329	2	658	32.9
20	刘丹丹	2022.07.24	599	3	1797	89.85
21	刘丹丹	2022.07.24	399	5	1995	99.75
22	刘丹丹	2022.07.24	329	6	1974	98.7
23						1211.65
24						
25						

Sheet1　韩静云　冯玉妍　宋晓莉　刘丹丹　⊕

图 3－28　流程运行结果

提成计算机器人演示

 思考拓展

请根据步骤三的流程,画出其中的嵌套循环结构流程图,注意区别内外循环。

 知识点详解

Excel 自动化预制件

一、Excel 预制件

Excel 是财务人员办公时最常使用的办公软件之一。UiBot 机器人可以根据预先设定的命令,模拟人工自动进行 Excel 操作,对于财务人员而言,这将进一步提升工作效率,以便财务人员将主要精力放在分析层面,去创造更大的价值。UiBot 中与Excel 相关的命令集可划分成五个分类,具体的划分方式如表 3－2 所示。本任务选取部分 Excel 自动化操作中涉及的常用基础控件进行演示讲解,其余的预制件通过

任务命名方式可以较为直观地理解其用途,属性设置也较易把握,故不作为重点讲解对象。

表 3 - 2　Excel 预制件分类

类　　别	预制件名称	类　　别	预制件名称
工作簿相关操作	打开 Excel 工作簿	读取内容	读取单元格
	绑定 Excel 工作簿		读取区域
	保存 Excel 工作簿		读取行
	另存为 Excel 工作簿		读取列
	激活 Excel 工作簿窗口	单元格/行/列操作	查找数据
	关闭 Excel 工作簿		自动填充区域
工作表相关操作	创建工作表		获取行数
	获取所有工作表名		获取列数
	重命名工作表		合并或拆分单元格
	复制工作表		写入单元格
	激活工作表		写入行
	删除工作表		删除行
	执行宏		写入列
	更新数据透视图		删除列
格式设置	设置列宽		插入行
	设置行高		插入列
	设置单元格颜色		插入图片
	设置单元格字体颜色		删除图片
	设置区域字体颜色		写入区域
	设置区域颜色		选中区域
			清除区域
			删除区域

(一) 打开 Excel 工作簿

"打开 Excel 工作簿"命令可以通过指定路径打开 Excel 工作簿,如果该 Excel 工作簿不存在,则会自动创建一个工作簿,并返回参数供其他 Excel 工作簿指令绑定,具体操作如图 3‑29 所示。页面左侧命令区找到命令"打开 Excel 工作簿"拖拽至执行区,文件路径处选择需要打开的 Excel 文件,打开方式可以选择"Excel"或"WPS"。

图 3‑29　打开 Excel 工作簿

(二) 读取单元格

"读取单元格"命令用于读取指定工作表中指定的单元格的值。其中工作表可以通过表名字或者顺序定位(从 0 开始),单元格的定位可以通过列名和行号定位,也可以直接通过"[行号,列号]"数组的方式定位。

(三) 读取区域

"读取区域"命令用于读取指定工作表中指定区域内单元格的值。读取出的内容以二维数组的形式进行储存,如图 3‑30 所示。图 3‑30 中读取的范围为工作表"Sheet1"中的"A1"到"B10"单元格的内容,具体内容如图 3‑31 所示。

图 3‑30　读取区域

	A	B	C	D
1	序号	姓名	日期	奖金计提
2	1	张三	2月1日	100
3	2	李四	2月1日	150
4	3	王五	2月1日	100
5	4	张三	2月2日	120
6	5	李四	2月2日	110
7	6	王五	2月2日	90
8	7	张三	2月3日	210
9	8	李四	2月3日	170
10	9	王五	2月3日	190
11				
12				
13				

图 3 - 31　A1：B10 区域内容

（四）写入单元格

"写入单元格"命令用于写入数据或计算公式。拖拽"写入单元格"命令至执行区,在页面右侧属性栏中的"单元格"框中写入单元格标号"D11",在"数据"框中书写数值或公式,如图 3 - 32 所示。图 3 - 32 中的数据框中公式表示对"D2"到"D10"单元格中数据的求和。运行结果如图 3 - 33 所示。

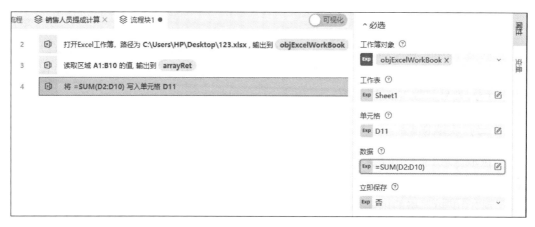

图 3 - 32　写入单元格

	A	B	C	D
1	序号	姓名	日期	奖金计提(万元)
2	1	张三	2月1日	100
3	2	李四	2月1日	150
4	3	王五	2月1日	100
5	4	张三	2月2日	120
6	5	李四	2月2日	110
7	6	王五	2月2日	90
8	7	张三	2月3日	210
9	8	李四	2月3日	170
10	9	王五	2月3日	190
11				1240
12				

图 3 - 33　D2：D10 单元格求和运行结果

(五) 写入区域

"写入区域"命令用于将数组数据或表格类型的数据写入指定表单的指定位置。写入时，需要以二维数组的形式进行写入。

(六) 关闭 Excel 工作簿

"关闭 Excel 工作簿"命令一般作为 Excel 文件操作的最后一步，用于保存并关闭当前操作的 Excel 文件。

【示例3-1】 Excel 写入练习。将图3-33中读取出的 A1：B10 单元格数据从同一张表单的 A11 单元格开始写入。

【具体操作步骤】

拖拽命令"写入区域"至"读取区域"下方，如图3-34所示。页面右侧属性栏中，"开始单元格"框写入"A11"，"数据"框中选择变量"arrayRet"，即上一步中用于储存读取内容的变量名称。【示例3-1】运行结果如图3-35所示。

图 3-34 写入范围操作

二、数据表操作

UiBot 中与数据处理相关的命令包括数据表、JSON、字符串、正则表达式、数组、数学、时间、集合和自然语言处理共九大类，如图3-36所示，本任务将对数据表功能区中的命令进行介绍。

数据表功能常用于对数组数据的处理，其用法与Word、Excel 等预制件相同，需要先构建并生成对象，后续的所有预制件处理命令针对对象进行操作。数据表是使用内存空间存储和处理数据的二维表格，相比存储在硬盘

	A	B	C	D
1	序号	姓名	日期	奖金计提
2	1	张三	2月1日	100
3	2	李四	2月1日	150
4	3	王五	2月1日	100
5	4	张三	2月2日	120
6	5	李四	2月2日	110
7	6	王五	2月2日	90
8	7	张三	2月3日	210
9	8	李四	2月3日	170
10	9	王五	2月3日	190
11	序号	姓名		
12	1	张三		
13	2	李四		
14	3	王五		
15	4	张三		
16	5	李四		
17	6	王五		
18	7	张三		
19	8	李四		
20	9	王五		
21				

图 3-35 【示例3-1】运行结果

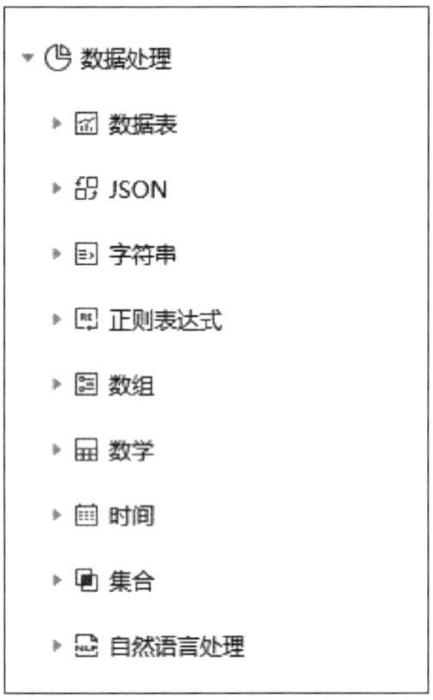

图 3-36 数据处理功能

上的文件,内存文件的好处是数据处理的速度会快数十倍甚至上百倍,但是内存的空间相对较小。因此,一般的处理流程是:

(1) 将需要处理的数据读取到内存中,以数据表的方式存储。

(2) 在内存中处理数据表。

(3) 处理完成后,将数据再次转存到硬盘上。

(4) 再处理下一批数据。

这样既可以大大加快数据处理速度,也不会受内存空间的限制。对于二维表格的处理通常可以通过数组和数据表,二者的区别主要在于内存损耗和数据处理速度上,在日常开发中对于 Excel 数据的处理上,经常会遇到处理几十万行数据的情况,常规数组的遍历和处理效率会远远不及数据表,操作人员可以在后续开发中尝试使用数据表预制件。UiBot 中的数据表控件如图 3-37 所示。控件的具体应用将通过【示例 3-2】进行展示。

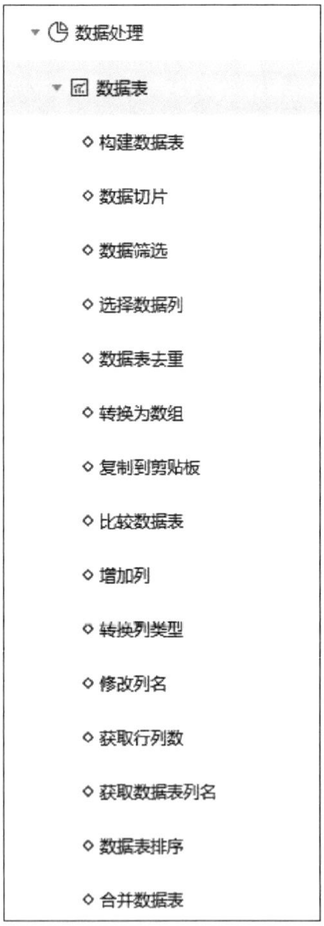

图 3-37 UiBot 中的数据表控件

【示例 3-2】 数据表功能应用。现有两张在同一工作簿内的 Excel 表格,分别记录了员工的个人信息与销售额统计表单,分别如图 3-38 和图 3-39 所示。要求使用 UiBot 数据表将两张表格中记录的数据合并。将合并后的数据表按照"销售额"列的数值升序排序并输出排序后的数据表查看结果。

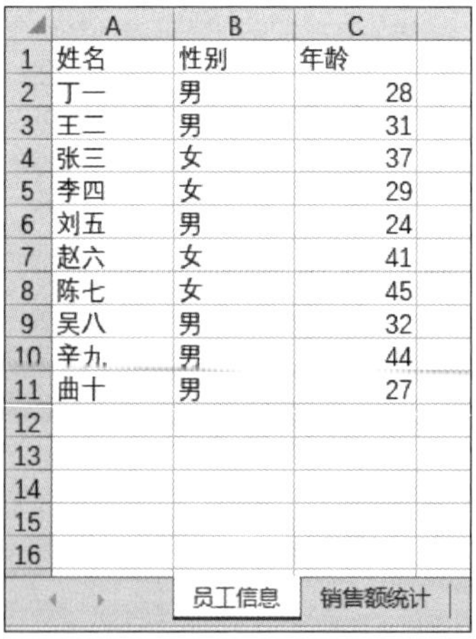

	A	B	C
1	姓名	性别	年龄
2	丁一	男	28
3	王二	男	31
4	张三	女	37
5	李四	女	29
6	刘五	男	24
7	赵六	女	41
8	陈七	女	45
9	吴八	男	32
10	辛九	男	44
11	曲十	男	27
12			
13			
14			
15			
16			

图 3-38 员工个人信息表单

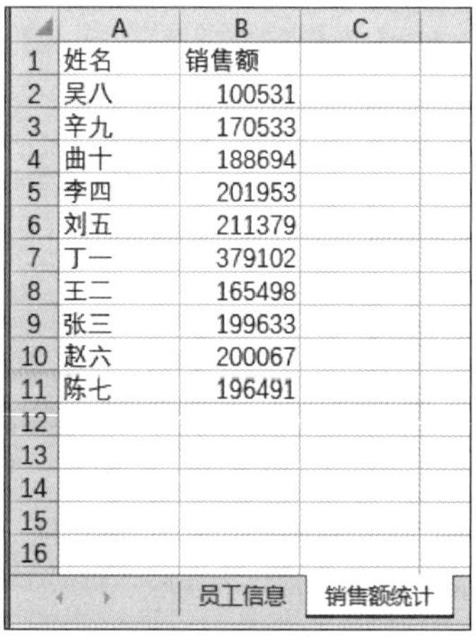

	A	B	C
1	姓名	销售额	
2	吴八	100531	
3	辛九	170533	
4	曲十	188694	
5	李四	201953	
6	刘五	211379	
7	丁一	379102	
8	王二	165498	
9	张三	199633	
10	赵六	200067	
11	陈七	196491	
12			
13			
14			
15			
16			

图 3-39 销售额统计表单

【具体操作步骤】

(1) 使用"打开 Excel 工作簿"命令打开需要处理的工

作簿,如图 3-40 所示。

图 3-40 打开 Excel 工作簿

(2)使用命令"读取行"将工作表"员工信息"中的表头,即将第一行数据读取出来,如图 3-41 所示。

图 3-41 读取行

(3)使用命令"读取区域"将"员工信息"表单中"A2:C11"中的数据读取到数组变量"arrayRet1"中,如图 3-42 所示。

图 3-42 读取区域

（4）使用"构建数据表"命令用数组变量（arrayRet1）中的数据构建一个数据表，在"输出到"框填写"员工信息数据表"，"表格列头"使用"表头1"当中的数据，如图3-43所示。

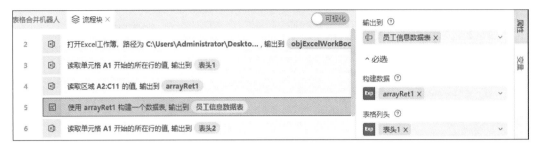

图3-43　构建数据表

到此步，完成了数据表"员工信息数据表"的构建，接下来使用相同的步骤，将表单"销售额统计"中的数据读取出来并构建"销售额统计数据表"，操作步骤如图3-44方框中步骤所示。

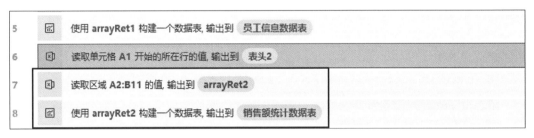

图3-44　销售额统计数据表构建

（5）使用"合并数据表"命令，将构建的两个数据表依据姓名列的内容进行合并，如图3-45所示。页面右侧属性栏中，"输出到"框使用默认的"dtTable"即可，"左表"和"右表"

图3-45　合并数据表

框分别填写"员工个人信息数据表"和"销售额统计数据表"；"连接方式"框选择"内连接"，这种连接方式只展示两个表格中能够匹配上的数据，省略了匹配不上的数据；"左表列"和"右表列"框中都填写"姓名"，表示匹配依据为姓名列。

（6）使用"数据表排序"命令将合并后的数据表"dtTable"中的数据依据销售额的值排序，如图 3－46 所示。页面右侧属性栏中，"输出到"框填写"dtTable"，表示排序后的数据表仍旧装在"dtTable"中；"源数据表"框填写"dtTable"；"排序列"框填写"销售额"；"升序排序"选择"是"。

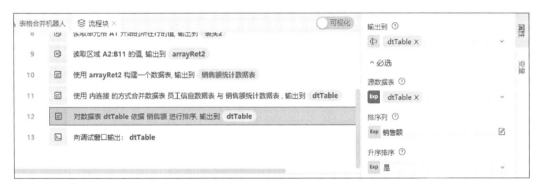

图 3－46　数据表排序

（7）使用"输出调试信息"命令将排序后的数据表"dtTable"输出，如图 3－47 所示。【示例 3-2】运行结果如图 3－48 所示。

图 3－47　输出调试信息

```
[2022-11-9 21:23:33] [INFO] 流程块1.task 第11行：   姓名 性别 年龄    销售额
7  吴八  男  32  100531
1  王二  男  31  165498
8  辛九  男  44  170533
9  曲十  男  27  188694
6  陈七  女  45  196491
2  张三  女  37  199633
5  赵六  女  41  200067
3  李四  女  29  201953
4  刘五  男  24  211379
0  丁一  男  28  379102
[2022-11-9 21:23:33] [INFO] C:\Users\HP\Documents\UiBot\creator\Projects\流程\流程块1.task 运行已结束
```

数据表操作演示

图 3－48　【示例 3-2】运行结果

开发财务报告生成机器人

任务场景

2022 年 7 月，百货公司进行了打折促销，其中主要参与促销的商品为水杯、牙刷、牙膏、毛巾、香皂。商品促销相关的营业收入、营业支出以及利润，都统计在了"财务收支统计表.xlsx"文件当中，如图 3-49 所示。

	A	B	C	D	E
1		财务收支统计表			
2			时间	2022.07	
3	商品	营业收入(元)	营业支出(元)	净利润(元)	
4	水杯	230 000	200 000	30 000	
5	牙刷	200 000	180 000	20 000	
6	牙膏	210 000	180 000	30 000	
7	毛巾	205 000	150 000	55 000	
8	香皂	100 000	80 000	20 000	
9	合计	945 000	790 000	155 000	
10					

图 3-49　财务收支统计表

小也作为百货公司的财务人员，需要从现有的统计表中获取数据，进行总结，形成固定格式的财务报告（Word 格式文档），如图 3-50 所示。

百货公司财务报告

Month 月份
ShangPin 收入：ShangPinShouRu 元，营业支出：ShangPinZhiChu 元，净利润为：ShangPinLiRun 元；
ShangPin 收入：ShangPinShouRu 元，营业支出：ShangPinZhiChu 元，净利润为：ShangPinLiRun 元；
ShangPin 收入：ShangPinShouRu 元，营业支出：ShangPinZhiChu 元，净利润为：ShangPinLiRun 元；
ShangPin 收入：ShangPinShouRu 元，营业支出：ShangPinZhiChu 元，净利润为：ShangPinLiRun 元；
ShangPin 收入：ShangPinShouRu 元，营业支出：ShangPinZhiChu 元，净利润为：ShangPinLiRun 元；
　　营业收入共计为：ShangPinShouRu 元，
　　营业支出共计为：ShangPinZhiChu 元，
　　净利润共计为：ShangPinLiRun 元，利润最高的商品为：LiRunShangPin，利润为：maxLiRun 元。

提交日期：

图 3-50　财务报告模板

由于此工作费时费力，错误率也一直较高，所以小也决定使用 UiBot 设计财务报告自动生成机器人，方便以后随时调用流程生成财务报告。

任务准备

一、任务分析

开始制作前，首先应分析整个任务：
（1）需要打开财务收支 Excel 数据表获取相关的财务数据。
（2）对获取到的数据进行处理与分析，找出财务报告中需要呈现的内容。
（3）将整理好的数据写入指定的 Word 文档中并对文档进行保存。

二、流程图/步骤分解

任务流程图如图 3-51 所示，任务步骤分解表如表 3-3 所示。

图 3-51　任务流程图

表 3-3　任务步骤分解表

步　　骤	命　　令
步骤一：读取财务收支统计表数据	（1）打开 Excel 工作簿 （2）获取行数 （3）读取区域 （4）读取行 （5）读取单元格 （6）关闭 Excel 工作簿
步骤二：数据处理	（1）字符串转换为时间 （2）获取月份 （3）转为文字数据 （4）构建数据表 （5）选择数据列 （6）数据表排序 （7）转换为数组 （8）变量赋值——最大利润商品 （9）变量赋值——最大利润

续 表

步 骤	命 令
步骤三：财务报告数据写入	（1）打开文档 （2）查找文本后设置光标位置 （3）写入文字 （4）依次读取数组中每个元素 （5）文字批量替换——商品名 （6）文字批量替换——商品收入 （7）文字批量替换——商品支出 （8）文字批量替换——商品利润 （9）文字批量替换——合计收入 （10）文字批量替换——合计支出 （11）文字批量替换——合计利润 （12）文字批量替换——最大利润商品 （13）文字批量替换——商品最大利润 （14）获取时间（日期） （15）格式化时间 （16）转为文字数据 （17）文字批量替换——提交日期
步骤四：保存并关闭财务报告文档	（1）保存文档 （2）关闭文档

一、读取财务收支统计表数据

（一）打开 Excel 工作簿

页面左侧命令区中找到命令"打开 Excel 工作簿"，双击或拖入执行区，如图 3 - 52 所示。

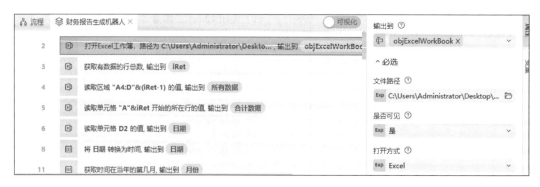

图 3 - 52 打开 Excel 工作簿

页面右侧属性栏中,"文件路径"框点击"文件夹"图标,选择需要打开的 Excel 工作簿,即"财务收支统计表.xlsx"。打开方式根据所使用的电脑上安装的软件选择 Excel 或 WPS。

(二) 获取行数

页面左侧命令区中找到命令"获取行数",双击或拖入执行区,放置在"打开 Excel 工作簿"之后,如图 3－53 所示。

图 3－53　获取行数

页面右侧属性栏中,"工作簿对象"框要与打开工作簿输出的内容一致,结果"输出到"变量"iRet"中。

(三) 读取区域

页面左侧命令区中找到命令"读取区域",双击或拖入执行区,放置在"获取行数"之后,如图 3－54 所示。

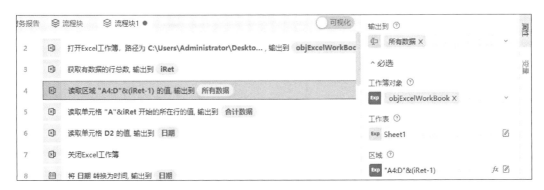

图 3－54　读取区域

页面右侧属性栏中,操作的工作簿对象是已打开的工作簿变量;工作表默认是"Sheet1";"区域"框在专业模式下填写""A4：D"&(iRet－1)",意为从"A4"单元格起,直至"D"列倒数第二行为止,即读取所有的单项商品统计信息;"输出到"变量"所有数据"中。

(四) 读取行

页面左侧命令区中找到命令"读取行",双击或拖入执行区,放置在"读取区域"之后,如图 3-55 所示。

图 3-55 读取行

页面右侧属性栏中,"单元格"框填写""A"&iRet";"输出到"变量"合计数据"中。这一步骤读取了 Excel 表格最后一行,即合计行的信息。

(五) 读取单元格

页面左侧命令区中找到命令"读取单元格",双击或拖入执行区,放置在"读取区域"之后,如图 3-56 所示。

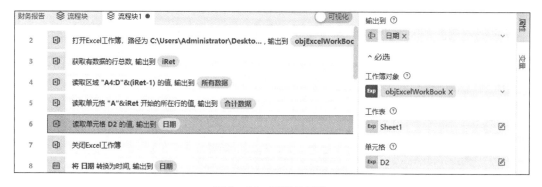

图 3-56 读取单元格

页面右侧属性栏中,操作的"工作簿对象"是已打开的工作簿变量;"工作表"默认是"Sheet1";"单元格"框填写"D2",即财务收支统计表中记录日期的单元格;"输出到"框创建变量"日期"。

(六) 关闭 Excel 工作簿

页面左侧命令区中找到命令"关闭 Excel 工作簿",双击或拖入执行区,放置在"读取单元格"之后,如图 3-57 所示。

页面右侧属性栏中,"工作簿对象"为需要关闭的工作簿,"立即保存"默认为"是"。

到此,已经将 Excel 表格中所需的数据提取到了 UiBot 中,接下来要进行的就是数据处理环节。

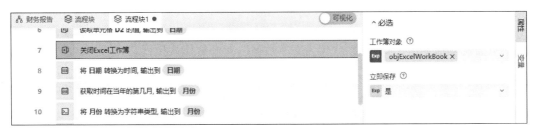

图 3-57 关闭 Excel 工作簿

二、数据处理

(一) 字符串转换为时间

页面左侧命令区中找到命令"字符串转换为时间",双击或拖入执行区,放置在"关闭 Excel 工作簿"之后,如图 3-58 所示。

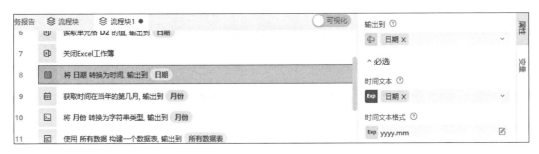

图 3-58 字符串转换为时间

页面右侧属性栏中,"输出到"框填写"日期";"时间文本"框在专业模式下填写"日期";"时间文本格式"框输入"yyyy.mm"。

(二) 获取月份

页面左侧命令区中找到命令"获取月份",双击或拖入执行区,放置在"字符串转换为时间"之后,如图 3-59 所示。

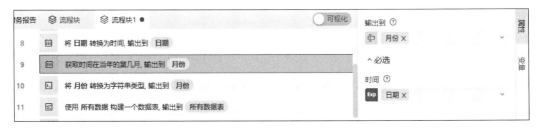

图 3-59 获取月份

页面右侧属性栏中,"输出到"框填写"月份";"时间"框在专业模式下填写"日期"。

(三) 转为文字数据

页面左侧命令区中找到命令"转为文字数据",双击或拖入执行区,放置在"获取月份"之后,如图 3-60 所示。

图 3-60   转为文字数据

页面右侧属性栏中,"输出到"框填写"月份";"转换对象"框在专业模式下填写"月份"。

(四) 构建数据表

接下来使用数据表相关的操作找出最大利润商品。页面左侧命令区中找到命令"构建数据表",双击或拖入执行区,放置在"转为文字数据"之后,如图 3-61 所示。

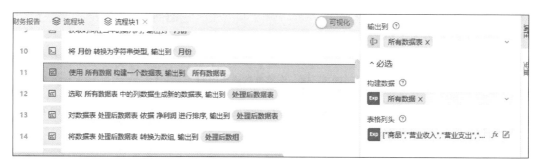

图 3-61   构建数据表

页面右侧属性栏中,"输出到"创建变量"所有数据表";"构建数据"框在专业模式下选择"所有数据";"表格列头"框填写原表格的列头"["商品","营业收入","营业支出","净利润"]"。

(五) 选择数据列

页面左侧命令区中找到命令"选择数据列",双击或拖入执行区,放置在"构建数据表"之后,如图 3-62 所示。

页面右侧属性栏中,"输出到"创建变量"处理后数据表";"源数据表"框在专业模式下选择"所有数据表";"选择的列"框书写原列头"["商品","净利润"]",选择"商品"和"净利润"两列数据构建新的数据表"处理后数据表"。

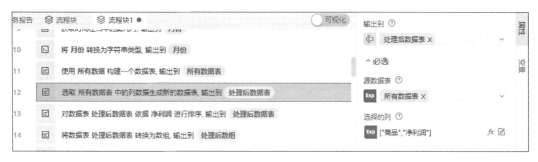

图 3 - 62　选择数据列

(六) 数据表排序

页面左侧命令区中找到命令"数据表排序",双击或拖入执行区,放置在"选择数据列"之后,如图 3 - 63 所示。

页面右侧属性栏中,"输出到"框选择"处理后数据表";"源数据表"框在专业模式下选择"处理后数据表";"排序列"框填写"净利润";"升序排序"选择"否"。

图 3 - 63　数据表排序

这一步将商品按照净利润降序排序,排序后的数据表如图 3 - 64 所示,可知表中的第一个商品"毛巾"就是利润最高的商品。

```
[2023-5-17 08:56:02] [INFO] 流程块111.task 第14行:    商品    净利润
3   毛巾   55000
0   水杯   30000
2   牙膏   30000
1   牙刷   20000
4   香皂   20000
```

图 3 - 64　排序后的数据表

(七) 转换为数组

页面左侧命令区中找到命令"转换为数组",双击或拖入执行区,放置在"数据表排序"之后,如图 3 - 65 所示。

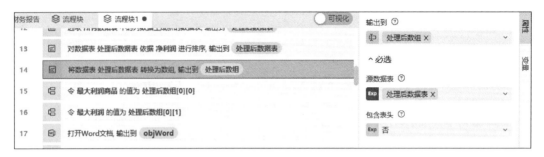

图 3 - 65　转换为数组

页面右侧属性栏中，"输出到"框选择"处理后数据表"；"源数据表"框在专业模式下选择"处理后数据表"；"包含表头"框默认为"否"。

转换后的数组是一个二维数组，如图 3 - 66 所示，第一个元素是最高利润商品的商品名称和净利润。

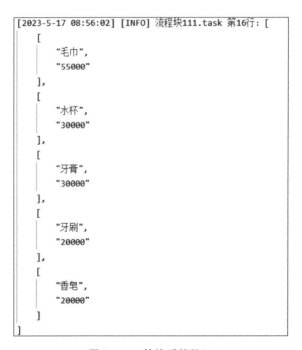

图 3 - 66　转换后的数组

（八）变量赋值——最大利润商品

页面左侧命令区中找到命令"变量赋值"，双击或拖入执行区，放置在"数据表排序"之后，如图 3 - 67 所示。

页面右侧属性栏中，"变量名"框填写"最大利润商品"；"变量值"框在专业模式下填写"处理后数组[0][0]"。因为"处理后数组"是一个二维数组，所以"处理后数组[0][0]"表示这个二维数组中第一个一维数组元素中的第一个元素，即字符串"毛巾"。

图 3 - 67　变量赋值

(九) 变量赋值——最大利润

页面左侧命令区中找到命令"变量赋值",双击或拖入执行区,放置在"变量赋值"之后,如图 3 - 68 所示。

图 3 - 68　变量赋值

页面右侧属性栏中,"变量名"框填写"最大利润";"变量值"框在专业模式下填写"处理后数组[0][1]"。"处理后数组[0][1]"表示二维数组"处理后数组"中第一个一维数组元素中的第二个元素,即字符串"55000"。

三、财务报告数据写入

(一) 打开文档

页面左侧命令区中找到命令"打开文档",双击或拖入执行区,放置在"变量赋值"之后,如图 3 - 69 所示。

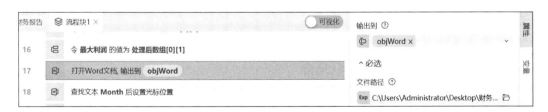

图 3 - 69　打开文档

页面右侧属性栏中,"文件路径"框点击"文件夹"图标,选择需要打开的 Word 文档,即"财务报告模板.docx"文件。

(二)查找文本后设置光标位置

页面左侧命令区中找到命令"查找文本后设置光标位置",双击或拖入执行区,放置在"打开文档"之后,如图 3 - 70 所示。

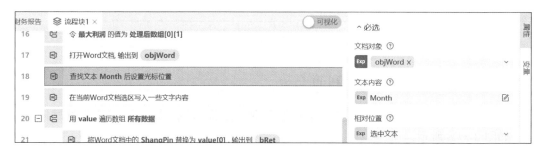

图 3 - 70　查找文本后设置光标位置

页面右侧属性栏中,"文档对象"框为上一步骤中打开的"objWord";"文本内容"框书写月份"Month";"相对位置"框选择"选中文本",此步骤目的是设置光标选中 Word 文档中的"Month"这一串文字。

(三)写入文字

页面左侧命令区中找到命令"写入文字",双击或拖入执行区,放置在"查找文本后设置光标位置"之后,如图 3 - 71 所示。

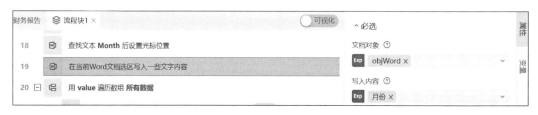

图 3 - 71　写入文字

页面右侧属性栏中,"文档对象"框在专业模式下选择"objWord";"写入内容"在专业模式下填写变量"月份"。

(四)依次读取数组中每个元素

页面左侧命令区中找到命令"依次读取数组中每个元素",双击或拖入执行区,放置在"写入文字"之后,如图 3 - 72 所示。

页面右侧属性栏中,"值"填入"value";"数组"框在专业模式下填写数组变量"所有数据"。

图 3-72　依次读取数组中每个元素

（五）文字批量替换——商品名

页面左侧命令区中找到命令"文字批量替换"，双击或拖入执行区，放置在"依次读取数组中每个元素"内部，如图 3-73 所示。

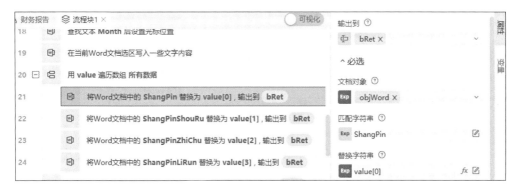

图 3-73　文字批量替换——商品名

页面右侧属性栏中，"文档对象"框选择"objWord"；"匹配字符串"框填入"ShangPin"，"替换字符串"框在专业模式下填写"value[0]"，即替换商品名。

（六）文字批量替换——商品收入

页面左侧命令区中找到命令"文字批量替换"，双击或拖入执行区，放置在"文字批量替换"之后，如图 3-74 所示。

图 3-74　文字批量替换——商品收入

页面右侧属性栏中,把"ShangPinShouRu"替换为"value[1]",把商品收入依次写入Word文档中。

(七) 文字批量替换——商品支出

页面左侧命令区中找到命令"文字批量替换",双击或拖入执行区,放置在"文字批量替换"之后,如图 3‑75 所示。

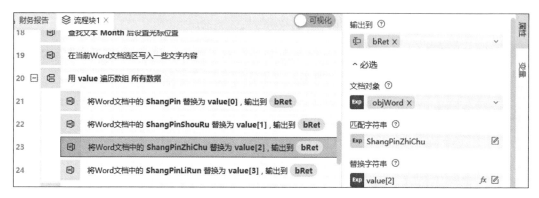

图 3‑75　文字批量替换——商品支出

页面右侧属性栏中,把"ShangPinZhiChu"替换为"value[2]",把商品支出依次写入Word 文档中。

(八) 文字批量替换——商品利润

页面左侧命令区中找到命令"文字批量替换",双击或拖入执行区,放置在"文字批量替换"之后,如图 3‑76 所示。

图 3‑76　文字批量替换——商品利润

页面右侧属性栏中,把"ShangPinLiRun"替换为"value[3]",把商品利润依次写入Word 文档中。

（九）文字批量替换——合计收入

页面左侧命令区中找到命令"文字批量替换"，双击或拖入执行区，放置在"依次读取数组中每个元素"外部，如图 3-77 所示。

图 3-77 文字批量替换——合计收入

页面右侧属性栏中，把"ShangPinShouRu"替换为"合计数据[1]"，把商品合计收入写入 Word 文档中。之前已经完成了单个商品的"ShangPinShouRu"替换，此时 Word 文档中只剩下合计的商品收入未进行替换。

（十）文字批量替换——合计支出

页面左侧命令区中找到命令"文字批量替换"，双击或拖入执行区，放置在"文字批量替换"之后，如图 3-78 所示。

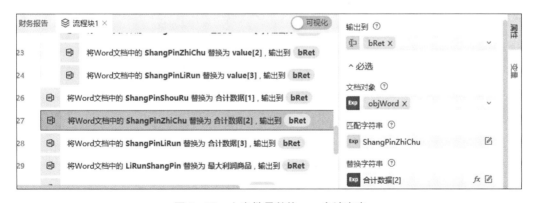

图 3-78 文字批量替换——合计支出

页面右侧属性栏中，把"ShangPinZhiChu"替换为"合计数据[2]"，把商品合计支出写入 Word 文档中。

（十一）文字批量替换——合计利润

页面左侧命令区中找到命令"文字批量替换"，双击或拖入执行区，放置在"文字批量替换"之后,如图 3 - 79 所示。

图 3 - 79 文字批量替换——合计利润

页面右侧属性栏中,把"ShangPinLiRun"替换为"合计数据[3]",把商品合计利润写入 Word 文档中。

(十二) 文字批量替换——最大利润商品

页面左侧命令区中找到命令"文字批量替换",双击或拖入执行区,放置在"文字批量替换"之后,如图 3 - 80 所示。

图 3 - 80 文字批量替换——最大利润商品

页面右侧属性栏中,把"LiRunShangPin"替换为"最大利润商品",将最大利润商品的商品名写入 Word 文档中。

(十三) 文字批量替换——商品最大利润

页面左侧命令区中找到命令"文字批量替换",双击或拖入执行区,放置在"文字批量替换"之后,如图 3 - 81 所示。

图 3‑81 文字批量替换——最大利润

页面右侧属性栏中，把"maxLiRun"替换为"最大利润"，将最大利润商品的利润金额写入 Word 文档中。

(十四) 获取时间(日期)

页面左侧命令区中找到命令"获取时间(日期)"，双击或拖入执行区，放置在"文字批量替换"之后，如图 3‑82 所示。

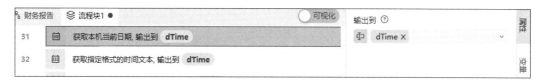

图 3‑82 获取时间(日期)

页面右侧属性栏使用默认设置。

(十五) 格式化时间

页面左侧命令区中找到命令"格式化时间"，双击或拖入执行区，放置在"获取时间(日期)"之后，如图 3‑83 所示。

图 3‑83 格式化时间

页面右侧属性栏中，在"输出到"框中填入"dTime"；"时间"框在专业模式下选择"dTime"；"格式"框填写"yyyy-mm-dd"。

（十六）转为文字数据

页面左侧命令区中找到命令"转为文字数据"，双击或拖入执行区，放置在"格式化时间"之后，如图 3 - 84 所示。

图 3 - 84　转为文字数据

页面右侧属性栏中，将"dTime"转为字符串格式之后仍保存在"dTime"中。

（十七）文字批量替换——提交日期

页面左侧命令区中找到命令"文字批量替换"，双击或拖入执行区，放置在"转为文字数据"之后，如图 3 - 85 所示。

图 3 - 85　文字批量替换——提交日期

页面右侧属性栏中，"文档对象"框在专业模式下选择"objWord"；"匹配字符串"框填写"提交日期："；"替换字符串"框在专业模式下填写""提交日期："&dTime"。把格式化处理后的当前日期写入 Word 文档中。

四、保存并关闭财务报告文档

（一）保存文档

页面左侧命令区中找到命令"保存文档"，双击或拖入执行区，放置在"文字批量替换"

之后，保存 Word 文档，如图 3－86 所示。

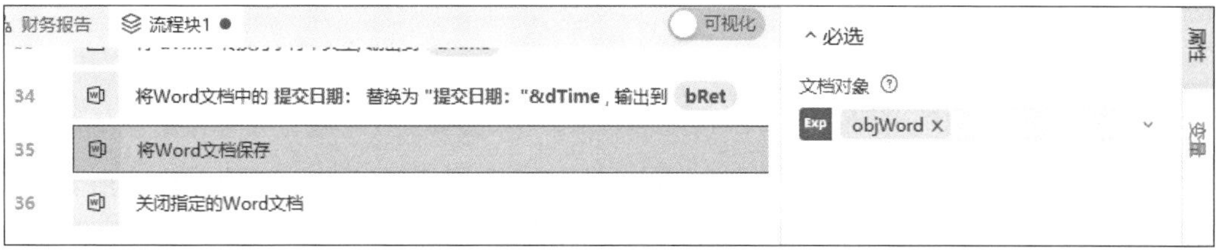

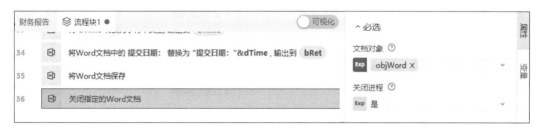

图 3－86　保存文档

(二) 关闭文档

页面左侧命令区中找到命令“关闭文档”，双击或拖入执行区，放置在“保存文档”之后，如图 3－87 所示。

图 3－87　关闭文档

流程运行结果如图 3－88 所示。

百货公司财务报告

7 月份
水杯 收入：230 000 元，营业支出：200 000 元，净利润为：30 000 元；
牙刷 收入：200 000 元，营业支出：180 000 元，净利润为：20 000 元；
牙膏 收入：210 000 元，营业支出：180 000 元，净利润为：30 000 元；
毛巾 收入：205 000 元，营业支出：150 000 元，净利润为：55 000 元；
香皂 收入：100 000 元，营业支出：80 000 元，净利润为：20 000 元；
营业收入共计为：945 000 元，
营业支出共计为：790 000 元，
净利润共计为：155 000 元，利润最高的商品为：毛巾，利润为：55 000 元。

提交日期:2023-04-04

图 3－88　财报生成机器人运行结果

财报生成机器人演示

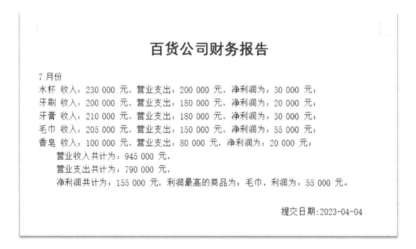

 扩 充 知 识

一、Word 基础控件

UiBot 机器人可以根据预先设定的命令，自动进行 Word 操作。正如本任务所示，使用 UiBot 可以实现 Excel 工作簿与 Word 文档间的交互。当日常工作中遇到需要批量处理 Excel 数据并形成文字汇总时，这种程序设计可以帮助我们节省很多时间。UiBot 中与 Word 相关的命令集合如图 3-89 所示。

图 3-89　Word 预制件

由图 3-89 可以看出，UiBot 中关于 Word 文档的预制件能够实现的目的非常直观，显示出 Word 文档本身的便利性、简洁性特征。

 思考拓展

1. 如果想要获取净利润排在最后的商品的数据该如何做？
2. 如果月份为"10 月"，那么怎么处理月份字符串？

项目小结

本项目一共包含两个任务，分别演示了 UiBot 中 Excel 自动化流程和 Excel 与 Word 交互自动化流程的实现方式。在操作过程中，结合循环和判断等逻辑控制语句，能够使用自动化流程将繁琐的、重复性高的日常财务结算和报表汇总工作精准完成，在节省人力资源的同时，降低了财务工作的出错率。

课后习题

【习题 3－1】 会议中心的会议室每周都需要进行各单位使用次数、使用时长及费用统计。会议中心提供本周会议室的使用情况表“会议室使用统计表.xlsx”，如图 3－90 所示。

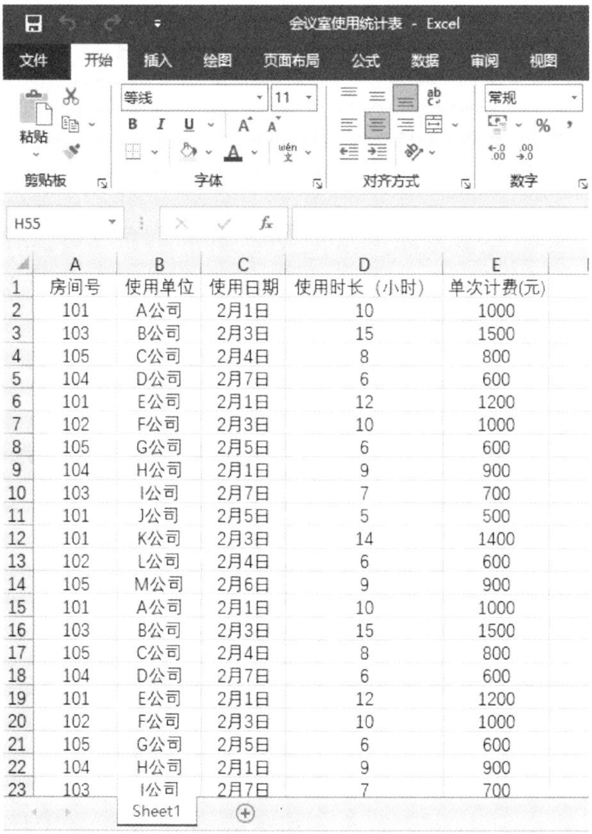

	A	B	C	D	E
1	房间号	使用单位	使用日期	使用时长（小时）	单次计费(元)
2	101	A公司	2月1日	10	1000
3	103	B公司	2月3日	15	1500
4	105	C公司	2月4日	8	800
5	104	D公司	2月7日	6	600
6	101	E公司	2月1日	12	1200
7	102	F公司	2月3日	10	1000
8	105	G公司	2月5日	6	600
9	104	H公司	2月1日	9	900
10	103	I公司	2月7日	7	700
11	101	J公司	2月5日	5	500
12	101	K公司	2月3日	14	1400
13	102	L公司	2月4日	6	600
14	105	M公司	2月6日	9	900
15	101	A公司	2月1日	10	1000
16	103	B公司	2月3日	15	1500
17	105	C公司	2月4日	8	800
18	104	D公司	2月7日	6	600
19	101	E公司	2月1日	12	1200
20	102	F公司	2月3日	10	1000
21	105	G公司	2月5日	6	600
22	104	H公司	2月1日	9	900
23	103	I公司	2月7日	7	700

图 3－90 会议室使用统计表.xlsx

现需要设计自动化统计流程整理出每间会议室本周内的使用次数、使用时长和结算价格并形成一张新的汇总报表，统计结果如图 3－91 所示。

	A	B	C	D	E
1	房间号	使用次数	使用时长	结算价格	
2	101	24	241	24100	
3	103	12	124	12400	
4	105	20	150	15000	
5	104	13	99	9900	
6	102	12	96	9600	
7					

图 3-91 【习题 3-1】统计结果

【习题 3-2】 根据 JM 教育科技有限公司应收账款汇总表(图 3-92)中的信息填写"询证函模板"(图 3-93)中标注底色部分的内容,并将填好的询证函保存成"XXX 公司询证函.docx"的样式便于后续的询证函发送。请设计"询证函生成机器人"完成这一操作。

询证函机器人演示

	A	B	C
1	公司名称	款项性质	金额
2	河南天河科技有限公司	培训费	￥980 000.00
3	河南聚丰实业有限公司	咨询服务费	￥5 780.00
4	顺丰物流有限公司	咨询服务费	￥23 340.00
5	洛阳恒信伟业有限公司	咨询服务费	￥7 370.00
6	郑州多多商贸有限公司	培训费	￥2 150.00
7			
8			

图 3-92 应收账款汇总表

JM教育科技有限公司询证函

致:

询证本公司与贵公司的往来账款,下列数据出自本公司核对账簿记录。如与贵公司账簿记录相符,请在本函下端"账款证明无误"处签章证明;如有不符,请在"账款不符金额"后签章并列明不符之处。

谢谢合作!

回函地址:河南省郑州龙子湖北路与博学路交叉口

联系人:甄肇谱   联系电话:15515515555

1. 本公司与贵公司的往来账项列示如下:

单位:元

截至日期	款项性质	贵公司应付款金额	备注
2023-12-31			

2. 其他事项。

JM教育科技有限公司
(盖   章)

图 3-93 询证函模板

知行合一

　　某跨国公司利用 RPA 自动化财务报告的过程。RPA 系统能够自动提取和整理财务数据,并生成报告。这样,公司可以更快地生成准确的财务报告,减少人为错误和繁杂的手工操作。这样,企业可以快速处理支付,减少人为错误和延迟。RPA 的使用极大地提升了工作效率,减少了错误的发生。

　　点评:习近平总书记在党的二十大报告中强调,必须坚持科技是第一生产力、人才是第一资源、创新是第一动力,深入实施科教兴国战略、人才强国战略、创新驱动发展战略,开辟发展新领域新赛道,不断塑造发展新动能新优势。

MACHINE
LEARNING

项目四

财务数据抓取与跨平台读写机器人运用

21世纪,互联网已经成了生活中必不可少的工具,人们越来越依赖互联网,它为日常工作、生活提供了极大的方便,从根本上改变了人们的工作和生活。互联网允许人们在不受地域限制的情况下结识更多优秀的人,任何想学习的、想做的、想知道的,基本上都可以在网络上解决。浏览器是互联网活动中经常用到的工具,在日常工作中,通过浏览器收发邮件,获取结构化数据,填写各类表单等工作,具有重复性高,容易出现错误的特点。本项目将介绍如何使用UiBot机器人搭建多种自动化的浏览器操作流程,这一操作流程可以提高工作效率,减少出错率。

1. 掌握如何使用 UiBot 调用浏览器,并在浏览器中进行操作。
2. 掌握如何从网页中抓取数据。
3. 掌握如何操作网页元素。

1. 能够使用浏览器控件。
2. 能够使用鼠标键盘控件。
3. 了解各种数据类型可视化的展示方法并掌握跨平台数据的数据转换。

1. 通过学习数据抓取流程设计,提升规范使用数据以及保护数据安全的素养与认知。
2. 通过学习搭建跨平台数据读写流程,认识工作效率的重要性,培养珍惜时间的良好习惯。

项目四思维导图如图 4-1 所示。

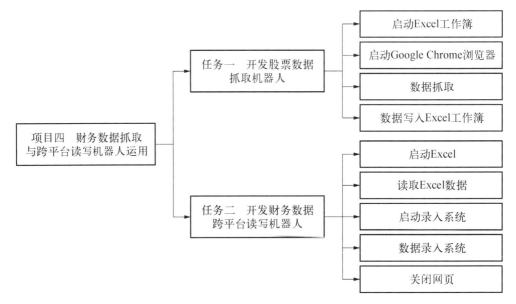

图 4-1 项目四思维导图

任务一　开发财务数据抓取机器人

任务场景

我国股票市场经过不断的发展和完善,已经取得巨大的成绩。股票发行是企业筹措生产资本的重要渠道。上市企业、参与股票市场运营的各类金融机构和参与股票买卖的股民,都对股票价格非常关心,时刻需要了解股票价格和走势。小也作为企业一名财务人员,需要每天从股票信息网站上获取股票相关的数据信息,实时掌握股票的价格变化、涨跌幅度等信息,方便企业根据这些信息进行决策。

以东方财富网(https://www.eastmoney.com/)作为数据来源,在网站上以上证 A 股为例,获取前两页的股票数据,制作 Excel 工作表,方便数据的查阅。如果一条一条复制较为繁琐复杂且易出错,所以小也决定直接使用 UiBot 创建一个自动抓取流程,方便以后数据的获取以及相关结果的保存。

任务准备

一、任务分析

开始制作前,首先分析整个任务,即:使用浏览器打开相应页面搜索内容,从结果页中获取数据,然后将数据写入指定的 Excel 工作簿中,最后对表格进行保存。

二、流程图/步骤分解

任务流程图如图 4-2 所示,任务步骤分解表如表 4-1 所示。

图 4-2　股票信息抓取机器人流程图

表 4-1　任务步骤分解表

步　骤	命　令
步骤一：启动 Excel	打开 Excel 工作簿
步骤二：启动浏览器	(1) 启动新的浏览器 (2) 更改窗口显示状态 (3) 点击目标 (4) 模拟滚轮 (5) 点击目标
步骤三：数据抓取	数据抓取
步骤四：数据写入 Excel	写入单元格 关闭 Excel 工作簿

一、启动 Excel 工作簿

打开 Excel 工作簿。页面左侧命令区中找到命令"打开 Excel 工作簿"，双击或拖入执行区，如图 4-3 所示。

图 4-3　打开 Excel 工作簿

页面右侧属性栏中，点击"文件夹"图标，选择需要打开的 Excel 工作簿，即抓取到数据后保存数据的 Excel 工作簿，打开方式根据所使用的电脑上安装的软件选择 Excel 或 WPS。

二、启动 Google Chrome 浏览器

(一) 启动新的浏览器

页面左侧命令区中找到命令"启动新的浏览器"，双击或拖入执行区，放置在"打开 Excel 工作簿"之后。后续命令如无特别说明，均放置在上一个活动后，如图 4-4 所示。

图 4-4　启动新的浏览器

页面右侧属性栏中,"浏览器类型"选择"Google Chrome",即谷歌浏览器,也可根据所使用电脑的实际情况进行选择。"打开链接"项输入需要通过浏览器打开并进行操作的网站网址,此处为"https://www.eastmoney.com/"(东方财富网)。

(二)更改窗口显示状态

启动浏览器之后,浏览器的显示状态不是全屏显示,为保证后续操作的正常进行,需要将打开的浏览器进行最大化显示。页面左侧命令区中找到命令"更改窗口显示状态",双击或拖入执行区,点击"未指定"将打开的谷歌浏览器窗口作为目标,"显示状态"选择"最大化"。这里选择最大化,是为了保证后续操作的定位准确性,如图 4-5 所示。

图 4-5　更改窗口显示状态

(三)点击目标

页面左侧命令区中找到命令"点击目标",双击或拖入执行区,将"鼠标点击"设置为"左键",如图 4-6 所示。

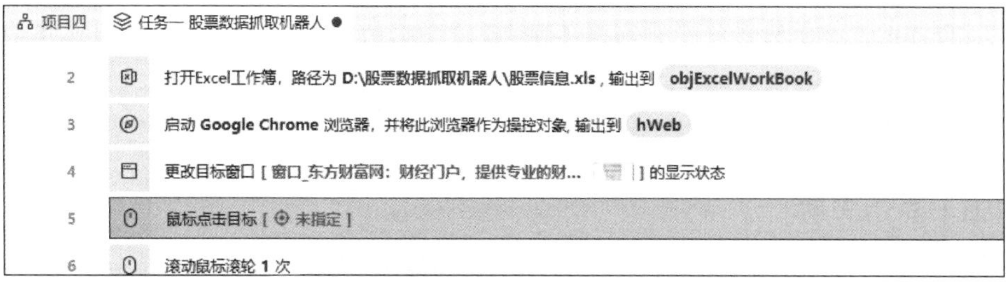

图 4-6　点击目标

点击"未指定",将谷歌浏览器打开网页中的"行情中心"链接作为目标,如图 4 - 7 所示。

图 4 - 7　目标选择内容

为防止网页元素对点击目标操作有影响,可以将属性中"操作类型"设置为"后台操作"。

(四) 模拟滚轮

在行情中心页面,需要操作的元素在页面下方,不能直接看到。可以通过"模拟滚轮"命令,将页面向下滚动,能够显示出需要操作的元素。

拖拽鼠标键盘控件下鼠标控件中的"模拟滚轮"命令到上一命令下方,根据需要操作元素的实际位置设置滚动次数,以页面中"沪 A 涨幅"的位置为准,设置"滚动次数"为"1","滚动方向"为"向下滚动",如图 4 - 8 所示。

图 4 - 8　模拟滚轮

【提示】模拟滚轮操作根据需要添加,分辨率较高的屏幕能够在一屏内显示的可忽略此步骤。

(五) 点击目标

页面左侧命令区中找到命令"点击目标",双击或拖入执行区,属性中"点击类型"设置为"单击",如图 4 - 9 所示。

图 4-9 点击目标

在打开的谷歌浏览器的页面上选取"沪 A 涨幅"作为目标,如图 4-10 所示。

图 4-10 目标选择内容

为防止网页元素对点击目标操作有影响,将属性中"操作类型"设置为"后台操作"。

三、数据抓取

(一) 数据抓取

股票最常用数据包括股票代码、股票名称、最新价、涨跌幅、成交量、成交额等,本书以获取股票代码、股票名称、最新价和涨跌幅为例。

点击页面最上方的"数据抓取"按钮,放置在"点击目标"之后,如图 4-11 所示。

图 4-11 数据抓取

UiBot 所支持抓取的内容如图 4-12 所示。

在本次的流程中,我们需要抓取的为"网页",在此页面无须进行选择,直接点击"选择目标即可"。

图 4‑12　支持抓取的内容

点击"选择目标",进入数据选择模式,选择股票代码,将鼠标移动到任意股票代码上,如图 4‑13 所示。

序号	链接<a>	名称	相关链接			最新价	涨跌幅	涨跌额
1	688146	N中船	股吧	资金流	数据	51.01	41.11%	14.86
2	688569	铁科轨道	股吧	资金流	数据	41.20	19.84%	6.82
3	688282	理工导航	股吧	资金流	数据	57.82	13.15%	6.72
4	688555	*ST泽达	股吧	资金流	数据	4.34	12.14%	0.47
5	688387	信科移动-U	股吧	资金流	数据	9.19	10.32%	0.86

图 4‑13　选择股票代码数据

单击这个股票代码,会出现提示"请选择层级一样的数据再抓一次","层级一样"从另一个角度讲就是"字段一样",比如第一次选择的是股票代码,这一次仍然选择股票代码,需要注意的是两次选择的股票代码不能相同,如图 4‑14 所示。

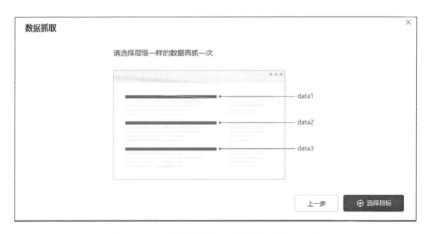

图 4‑14　请选择层级一样的数据再抓一次

点击"选择目标",和上一步骤一样,选择和上一次不重复的股票代码,抓取数据,如图
4－15 所示。

图 4－15 抓取文字数据

这一步需要确定要抓取的是文字还是链接,此时选择"文字",然后点击"确定"。此时
股票代码抓取完成了,如图 4－16 所示。

图 4－16 股票代码数据预览界面

继续抓取股票名称,点击"抓取更多数据",重复抓取股票代码的步骤,股票代码、股票
名称数据预览界面如图 4－17 所示。

图 4‑17   股票代码、股票名称数据预览界面

继续点击"抓取更多数据"抓取最新价格,同样的步骤,操作结果如图 4‑18所示。

数据抓取

600869	远东股份	6.02
601566	九牧王	10.41
603131	上海沪工	15.04
603130	云中马	31.19
603379	三美股份	33.95
603269	海鸥股份	16.82
605300	佳禾食品	20.14
603050	科林电气	23.80
603042	华脉科技	11.90
601512	中新集团	9.67

上一步   ＋ 抓取更多数据   下一步

图 4‑18   股票代码、股票名称、最新价数据预览界面

点击"抓取更多数据"来抓取涨跌幅度,操作完成后如图 4‑19 所示。

图 4‒19 股票代码、股票名称、最新价、涨跌幅数据预览界面

数据抓取完成,点击"下一步",如图 4‒19 所示。如果网页展示的数据较多,出现了分页,为了保证数据抓取的相对完整性,可以通过"抓取更多数据",进行相应的设置,保证翻页功能的实现。

点击"抓取更多数据",选择"下一页图标或者文字",完成翻页设置,然后通过数据抓取属性中的"抓取页数"进行设置,此例是抓取两页,故设置"抓取页数"为"2",如图 4‒20 所示。

图 4‒20 抓取翻页设置

数据抓取命令执行后,会将抓取的数据存放到 arrayData 对象中。

四、数据写入 Excel 工作簿

页面左侧命令区中找到命令"写入单元格",双击或拖入执行区,放置在"数据抓取"之后。如图 4 - 21 所示。

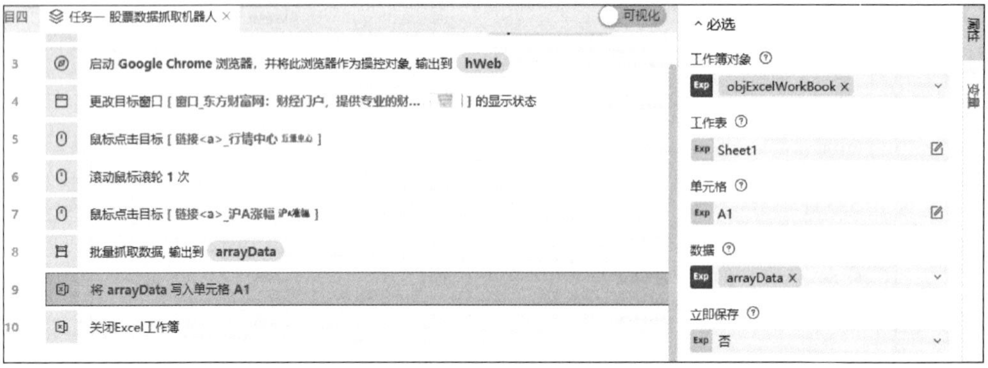

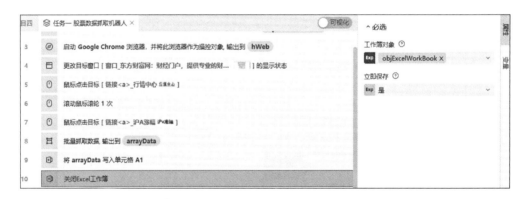

图 4 - 21 写入单元格

页面右侧属性栏中"单元格"设置"A1","数据"栏选择"专业模式",将上一步从网页中抓取得到的数据表变量"arrayData"输入,"立即保存"选择"是"。

写入完成后打开 Excel 工作簿,如图 4 - 21 所示。

五、关闭浏览器并保存 Excel 工作簿

页面左侧命令区中找到命令"关闭 Excel 工作簿",双击或拖入执行区,放置在"写入单元格"之后,如图 4 - 22 所示。

图 4 - 22 关闭浏览器并保存 Excel 工作簿

此程序将会自动将表格保存并关闭。

思考拓展

在"淘宝"或"京东"网站通过搜索的方式进行商品信息查询时,考虑以下操作:

1. 鼠标点击"搜索"按钮的时候,除了使用鼠标进行模拟点击,还可以使用什么方法?

2. 完成一次抓取数据的保存后,还需要搜索其他关键词并进行保存,该如何构建操作

流程使操作更加便捷？

一、浏览器控件

浏览器是常用的上网工具。能够通过浏览器进行浏览信息、收发邮件、下载资料等操作，在进行浏览器操作时，最经常用到的就是鼠标、键盘，下载的资料基本上都是以文件的形式储存在电脑中。UiBot 机器人可以根据预先设定的命令，模拟人工自动进行浏览器的各类操作，对办公人员而言，这能够进一步提高工作效率，将人力从繁琐的重复性劳动中解放出来。

目前 UiBot 支持的浏览器有 Internet Explorer、Google Chrome、Firefox、UiBot 内置浏览器、360 安全浏览器、360 极速浏览器、Microsoft Edge 等。使用浏览器控件之前需要安装相应浏览器的扩展程序，扩展程序的安装在 UiBot Creator 主界面的工具选项卡中。

浏览器控件位置在 UiBot Creator 项目编辑界面左侧命令标签的软件自动化中，包含了 21 个命令，UiBot 中和浏览器控件相关的命令如图 4 - 23 所示。

Q 搜索命令	Q 搜索命令
▼ Ⓐ 软件自动化	▼ Ⓐ 软件自动化
▼ ⓑ 浏览器	▼ ⓑ 浏览器
◇ 启动新的浏览器	◇ 等待网页加载
◇ 绑定浏览器	◇ 下载文件
◇ 切换标签页	◇ 读取网页源码
◇ 关闭标签页	◇ 获取网页URL
◇ 获取运行状态	◇ 获取网页标题
◇ 前进	◇ 读取网页Cookies
◇ 后退	◇ 设置网页Cookies
◇ 刷新	◇ 浏览器截图
◇ 停止加载页面	◇ 获取滚动条位置
◇ 打开网页	◇ 设置滚动条位置
	◇ 执行JS

图 4 - 23　UiBot 中和浏览器控件相关的命令

（一）浏览器扩展插件的安装

在使用浏览器命令之前，需要进行浏览器扩展插件的安装，打开 UiBot Creator 程序，进入主界面，如图 4 - 24 所示。

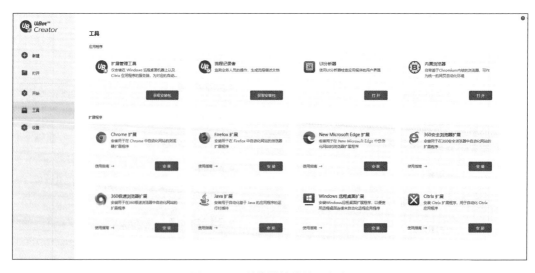

图 4 - 24　浏览器扩展插件安装

界面左侧点击"工具"选项卡，显示所有扩展程序，其中 Internet Explorer 浏览器不需要安装扩展程序，可以直接使用；UiBot 内置浏览器在安装环境时已经自动安装，可以直接使用；Google Chrome、Firefox、360 安全浏览器、360 极速浏览器、New Microsoft Edge 可根据需要安装相应的扩展程序。部分浏览器在安装扩展程序后，需要在浏览器中启用 UiBot 的插件，否则无法使用，如图 4 - 25 所示。

图 4 - 25　浏览器控件扩展程序

（二）启动新的浏览器

"启动新的浏览器"命令用于打开新的浏览器，UiBot 通过安装的浏览器插件控制打开的浏览器，每次打开一个浏览器，双击"启动新的浏览器"或者鼠标左键拖动"启动新的浏览器"，将该命令添加到编辑区域，如图 4 - 26 所示。

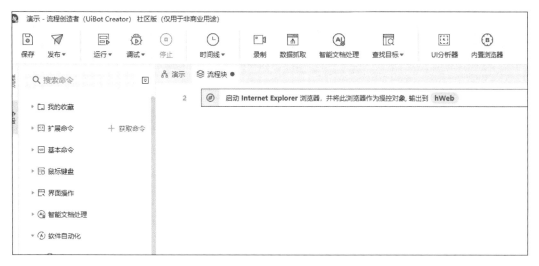

图 4 - 26　启动新的浏览器

"启动新的浏览器"命令的属性如图 4 - 27 所示。将打开的浏览器对象命名为 "hWeb"，该名称可修改，必选中的"浏览器类型"可以选择"Internet Explorer" "Google Chrome" "Firefox" "UiBot 内置浏览器" "360 安全浏览器" "360 极速浏览器" "New Microsoft Edge"其中之一，"打开链接"框填写网页地址，如图 4 - 27 所示。

图 4 - 27　启动新的浏览器属性

（三）绑定浏览器

"绑定浏览器"命令用于绑定一个已经打开的浏览器，使 UiBot 可以对这个绑定的浏览器进行操作，如图 4-28 所示。

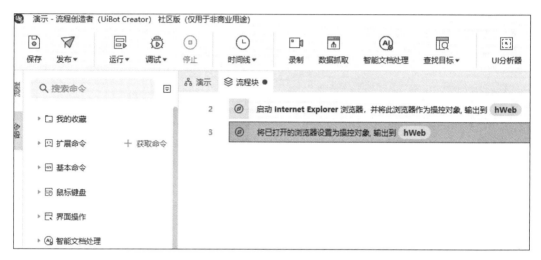

图 4-28　"绑定浏览器"命令

需要注意的是，浏览器类型要和需要操作的浏览器匹配，否则将出现错误，如图 4-29 所示。

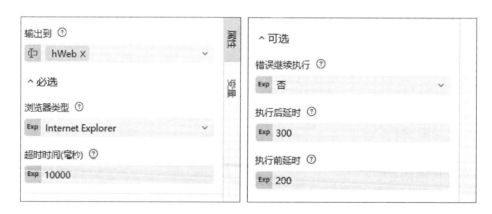

图 4-29　绑定浏览器属性

（四）打开网页

"打开网页"命令用于在指定的目标浏览器中打开指定网页，打开网页后，可以通过检查元素的方式将该页面作为操控对象，如图 4-30 所示。

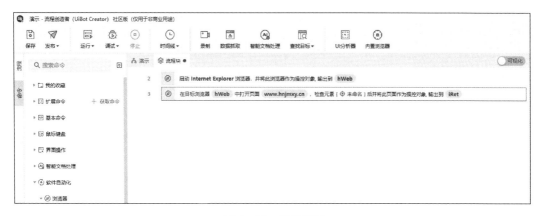

图 4-30 打开网页

通过打开的页面对象输出到"iRet"中,该名称可以修改。浏览器对象设置为已经打开的浏览器对象,加载链接设置为网页的地址,元素检测是通过网页界面元素检测,将打开的页面作为操控对象,如图 4-31 所示。

图 4-31 打开网页属性

(五) 等待网页加载

"等待网页加载"命令用于网页元素较多,浏览器打开页面后,需要操作的元素加载时间较长时,防止操作超时,程序无法正常运行,可以通过检查元素的方式等待需要操作的元素加载成功,如图 4-32 所示。

图 4-32　等待网页加载

(六) 停止加载页面

"停止加载页面"命令用于网页元素较多,加载缓慢的情况,需要操作的元素在打开页面后很快就能加载完成,不需要页面加载其他元素就执行后续的程序操作,如图 4-33 所示。

图 4-33　停止加载页面

(七) 切换标签页

"切换标签页"命令用于浏览器中有多个标签页时切换浏览器标签页,可通过地址栏或者标题栏进行匹配,将浏览器的标签页切换到需要操作的页面,如图 4-34 所示。

图 4 - 34　切换标签页

(八) 关闭标签页

"关闭标签页"命令用于关闭浏览器中的当前页面,如图 4 - 35 所示。

图 4 - 35　关闭标签页

(九) 下载文件

"下载文件"命令用于网页中文件的下载,可以配合"启动新的浏览器"进行文件下载,也可以配合"绑定浏览器"在现有打开的浏览器中进行文件下载,如图 4 - 36 所示。

浏览器对象为新打开或者绑定已经打开的浏览器,下载链接需要设置为下载文件的具体链接,保存路径设置为文件在本地计算机保存的路径,如图 4 - 37 所示。

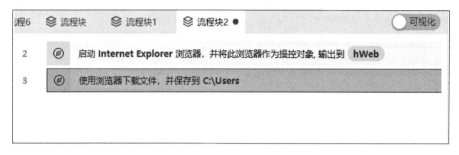

图 4‑36　下载文件

图 4‑37　下载文件属性

(十) 浏览器截图

"浏览器截图"命令可以将浏览器打开的页面进行自定义截图,并保存到本地计算机中。在设置该命令时,需要使用快捷工具栏中的"查找目标—查找区域"来辅助确定截图的区域。在截图过程中,如果网页元素加载较慢,可以调整执行前延时或者和"等待网页加载"命令配合使用,如图 4‑38 所示。

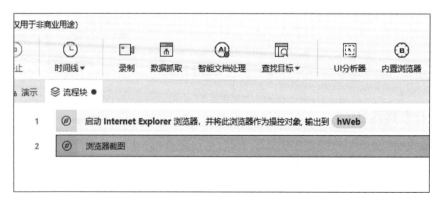

图 4‑38　浏览器截图

浏览器对象为新打开或者绑定已经打开的浏览器,"保存路径"设置为截图保存的路径,"截图范围"设置为查找区域工具获取的范围,浏览器截图属性如图4-39所示。

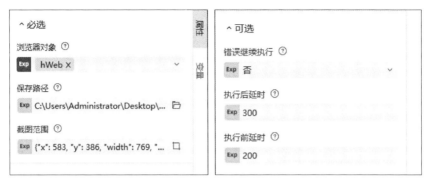

图4-39 浏览器截图属性

二、鼠标键盘控件

鼠标键盘是日常操作计算机使用频率较高的外部设备,UiBot通过鼠标键盘控件中的命令可以模拟鼠标的点击、移动等操作,模拟键盘的输入、按键等操作。

鼠标键盘控件位置在UiBot Creator项目编辑界面左侧命令标签的鼠标键盘项中,其中鼠标控件包含了11个命令,鼠标键盘控件包含了6个命令,如图4-40所示。

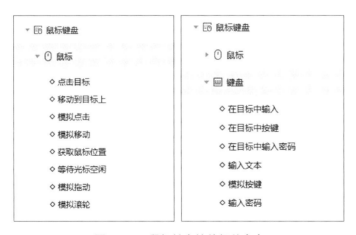

图4-40 鼠标键盘控件相关命令

(一) 点击鼠标

"点击鼠标"命令模拟鼠标点击目标,如图4-41所示。

点击目标可通过界面选取的方式确定,"鼠标点击"可以根据需要设置成"左键""中键""右键","点击类型"可以设置为"单击""双击""按下""弹起",点击鼠标属性如图4-42所示。

图 4 - 41 点击鼠标

图 4 - 42 点击鼠标属性

(二) 移动到目标上

"移动到目标上"命令可以使鼠标的光标移动到指定的目标上,如图 4 - 43 所示。

图 4 - 43 移动到目标上

（三）在目标中输入

"在目标中输入"命令可以在目标中输入数字、字母或者汉字等内容，如图 4 - 44 所示。

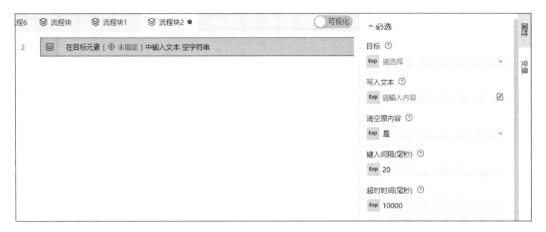

图 4 - 44 在目标中输入

目标选择可通过界面直接选择，"写入文本"可以设置需要输入的内容，"清空原内容"可以设置"是"或者"否"，如图 4 - 45 所示。

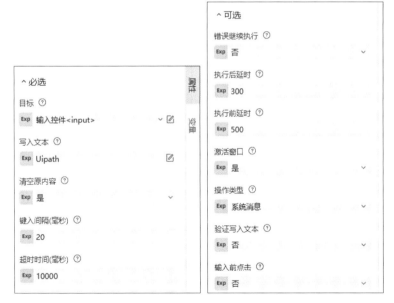

图 4 - 45 在目标中输入属性

（四）在目标中输入密码

"在目标中输入密码"命令可以在目标中输入密码，密码使用" * "号表示，如图 4 - 46 所示。

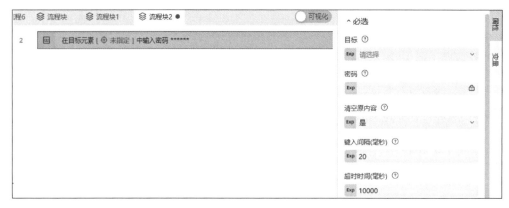

图4-46　在目标中输入密码

目标选择可通过界面直接选择,"密码"输入时可通过点击"小锁符号"进行输入,"清空原内容"可以设置"是"或者"否",如图4-47所示。

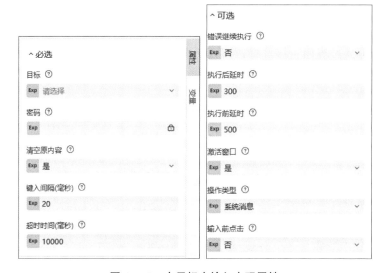

图4-47　在目标中输入密码属性

任务二　开发财务数据跨平台读写机器人

任务场景

将计算机上的数据录入网页端的各种平台当中,是财务人员经常进行的一项工作。

这项工作虽然可以简单使用"复制""粘贴"就能完成,但是当数据量大、需要跨平台不停地进行操作的时候,其错误率会猛然升高,属于附加值低、错误率高、跨平台操作难度大、人员依赖性强的工作。小也作为企业的财务人员,每个月都会通过网上银行进行企业员工的工资发放,工资发放表已经完成统计和计算,如图 4-48 所示。现需要小也将工资发放表的数据录入网上银行的转账功能中(此处以简道云作为实例)。此项工作繁琐且重复,所以小也决定使用 UiBot 解决。

员工代码	姓名	身份证号	工资(元)	银行卡号
C0001	宋江明	410102198506064567	4 892.00	4580644592072576
C0002	卢俊	412102198309065678	5 683.00	4580644592075342
C0003	吴用功	440102199003023654	2 362.00	4580644592074374
C0004	公孙利	330327199506093695	3 616.10	4580644592074125
C0005	关胜任	211221198911061465	4 143.61	4580644592077536
C0006	林冲锋	330327199012126384	6 179.00	4580644592071008
C0007	秦明明	330328198006183907	4 434.78	4580644592074728
C0008	呼延灼	330329199308175923	6 822.40	4580644592074258
C0009	花荣耀	330330200010192837	4 324.10	4580644592071249
C0010	柴进步	330331200408192550	5 176.40	4580644592079061
C0011	李应利	413201200110292540	5 675.00	4580644592070147
C0012	朱全	440102200210142387	4 227.24	4580644592074106
C0013	鲁智	440103200005291065	3 804.99	4580644592077854
C0014	武松林	440104200110302910	5 036.00	4580644592039421
C0015	董平平	440105198802015689	5 216.00	4580644592071315
C0016	张清清	440106200012289037	4 306.95	4580644592077429
C0017	杨志达	612501198810247197	4 364.60	4580644592077128
C0018	徐宁宁	612502200110203847	5 397.80	4580644592070425
C0019	索超然	612503200010302896	3 848.52	4580644592074712

图 4-48　工资发放表

一、任务分析

开始制作前,首先分析整个任务,即:我们要从 Excel 数据表中获取数据,然后录入指定的系统中。

二、流程图/步骤分解

任务流程图如图 4-49 所示,任务步骤分解表如表 4-2 所示。

图 4-49　任务流程图

表 4 - 2　任务步骤分解表

步　　骤	命　　令
步骤一：启动 Excel	打开 Excel 工作簿
步骤二：读取 Excel 数据	(1) 获取行数 (2) 读取区域 (3) 关闭 Excel 工作簿
步骤三：启动录入系统	(1) 启动新的浏览器 (2) 在目标中输入 (3) 在目标中输入密码 (4) 点击目标——登录
步骤四：数据处理	(1) 依次读取数组中每个元素 (2) 替换字符串 (3) 字符串转换为时间 (4) 格式化时间
步骤五：数据录入系统	(1) 在目标中输入 (2) 点击文本 (3) 在目标中输入 (4) 点击目标 (5) 点击文本 (6) 在目标中输入 (7) 在目标中输入 (8) 模拟按键 (9) 在目标中输入 (10) 模拟按键 (11) 点击目标 (12) 点击目标
步骤六：关闭网页	关闭应用

任务实施

一、启动 Excel

打开 Excel 工作簿。页面左侧命令区中找到命令"打开工作簿"，双击或拖入执行区，如图 4 - 50 所示。

图 4-50 打开 Excel 工作簿

页面右侧属性栏中,点击文件夹图标,选择需要打开的 Excel 工作簿,即数据统计表。打开方式根据所使用的电脑上安装的软件选择 Excel 或 WPS。

二、读取 Excel 数据

(一) 获取行数

页面左侧命令区中找到命令"获取行数",双击或拖入执行区,放置在"打开 Excel 工作簿"之后,如图 4-51 所示。

图 4-51 获取行数

页面右侧属性栏中,"工作簿对象"要与打开工作簿输出的内容一致,"工作表"为"Sheet1",获取总行数"输出到"变量"iRet"中。

(二) 读取区域

页面左侧命令区中找到命令"读取区域",双击或拖入执行区,放置在"获取行数"之后,如图 4-52 所示。

页面右侧属性栏中,操作的工作簿对象是已打开的工作簿变量;"工作表"填写"Sheet1";"区域"为""A2：G"&iRet",表示获取除了表头之外的全部数据;"输出到"变量填写"arrayRet"。

图 4 - 52 读取区域

（三）关闭 Excel 工作簿

页面左侧命令区中找到命令"关闭 Excel 工作簿"，双击或拖入执行区，放置在"读取区域"之后，如图 4 - 53 所示。

图 4 - 53 关闭 Excel 工作簿

页面右侧属性栏中，"工作簿对象"为需要关闭的工作簿对象，即刚刚打开后读取数据的"objExcelWorkBook"，"立即保存"选择"是"。

三、启动录入系统

（一）启动新的浏览器

页面左侧命令区中找到命令"启动新的浏览器"，双击或拖入执行区，放置在"关闭 Excel 工作簿"之后，如图 4 - 54 所示。

页面右侧属性栏中，浏览器类型选择"Google Chrome"，即谷歌浏览器，也可根据所使用电脑的实际情况进行选择。"打开链接"项输入需要通过浏览器打开并进行操作的网站网址，此处为简道云（https://www.jiandaoyun.com/app/6437f9205ca97a0008db40e6/entry/6437f9295721e900088091e7），如图 4 - 55 所示。

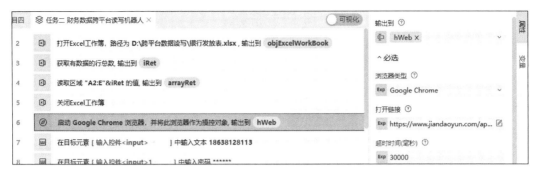

图 4 - 54 启动新的浏览器

图 4 - 55 简道云登录界面

(二) 在目标中输入

页面左侧命令区中找到命令"在目标中输入",双击或拖入执行区,放置在"启动浏览器"之后,用于输入简道云登录账号,如图 4 - 56 所示。

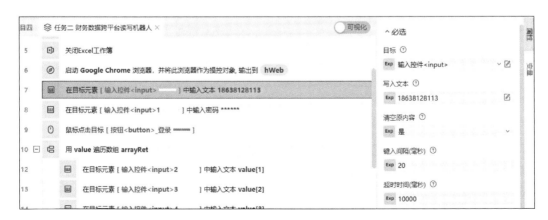

图 4 - 56 在目标中输入

选择的谷歌浏览器中的目标,如图4-57所示。

账号登录

没有账号? 免费注册

输入控件<input>

手机号/邮箱

密码 👁

☐ 下次自动登录   忘记密码?

登录

验证码登录

图 4-57　选择目标

(三) 在目标中输入密码

页面左侧命令区中找到命令“在目标中输入密码”,双击或拖入执行区,放置在“在目标中输入”之后,用于输入简道云登录密码,密码一栏点击后面的索性符号输入,如图4-58所示。

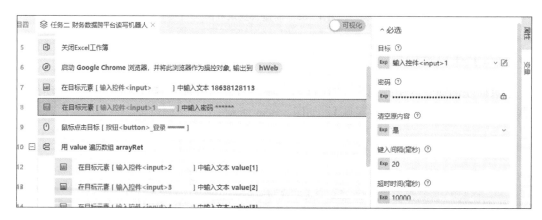

图 4-58　在目标中输入密码

选择的谷歌浏览器中的目标,如图4-59所示。

(四) 点击目标——登录

页面左侧命令区中找到命令“点击目标”,双击或拖入执行区,放置在“在目标中输入密码”之后,用于简道云登录操作,如图4-60所示。

图 4 - 59　界面选择目标

图 4 - 60　点击目标——登录

此命令效果即使用鼠标左键单击网页中的"登录"按钮。

选择的谷歌浏览器中的目标，如图 4 - 61 所示。

图 4 - 61　界面目标选择

自动点击"登录"按钮后，谷歌浏览器页面跳转到录入界面，如图 4 - 62 所示。

图 4 - 62 简道云系统录入界面

四、数据录入系统

（一）依次读取数组中每个元素

页面左侧命令区中找到命令"依次读取数组中每个元素"，双击或拖入执行区，放置在"点击目标"之后，如图 4 - 63 所示。

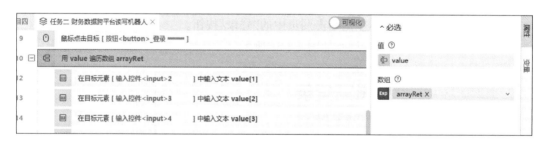

图 4 - 63 依次读取数组中每个元素

"遍历"数组变量"arrayRet"，每个元素的"值"为变量"value"，此处"value"每次所包含的数据为一行，内容为每个人的员工代码、姓名、身份证号、工资、银行卡号，通过"value"获取源数据表中所有员工的银行账号信息的数组，从而可以分别对所有人进行数据录入。

（二）在目标中输入——姓名

页面左侧命令区中找到命令"在目标中输入"，双击或拖入执行区，如图 4 - 64 所示。

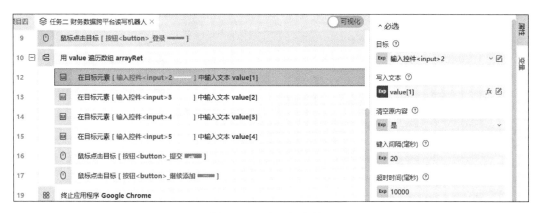

图 4-64 在目标中输入

选择网页中的"姓名"栏,页面右侧属性栏中,输入数组元素"value[1]"。

(三) 在目标中输入——身份证号

页面左侧命令区中找到命令"在目标中输入",双击或拖入执行区,如图 4-65所示。

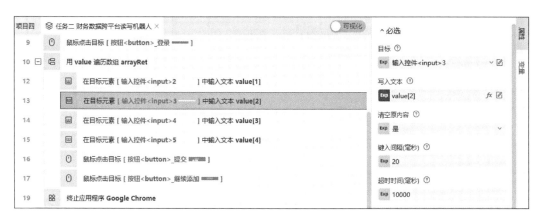

图 4-65 在目标中输入——身份证号

选择网页中的"身份证号"栏,输入"value[2]",即为源数据表中的身份证号。

(四) 在目标中输入——工资

页面左侧命令区中找到命令"在目标中输入",双击或拖入执行区,如图 4-66所示。

在网页中的"工资"栏处,点击文本为"value[3]",即"性别信息"。

(五) 在目标中输入——银行卡号

页面左侧命令区中找到命令"在目标中输入",双击或拖入执行区,如图 4-67所示。

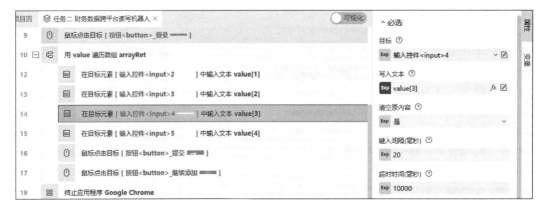

图 4-66　在目标中输入——工资

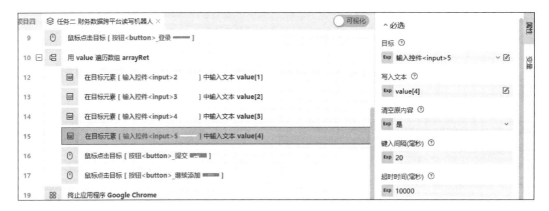

图 4-67　在目标中输入——银行卡号

选择网页中的"年龄"栏,输入"value[4]"即为源数据表中的年龄。

(六) 点击目标——提交

页面左侧命令区中找到命令"点击目标",双击或拖入执行区,放置在"点击目标"之后,用于提交录入的信息,如图 4-68 所示。

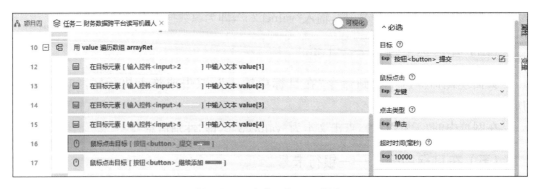

图 4-68　点击目标——提交

此步骤的效果为所有内容输入完毕后,使用鼠标左键单击网页中的"提交"按钮进行数据提交。

(七) 点击目标——继续添加

页面左侧命令区中找到命令"点击目标",双击或拖入执行区,放置在"点击目标"之后,用于添加源数据表中的下一条数据,如图 4 - 69 所示。

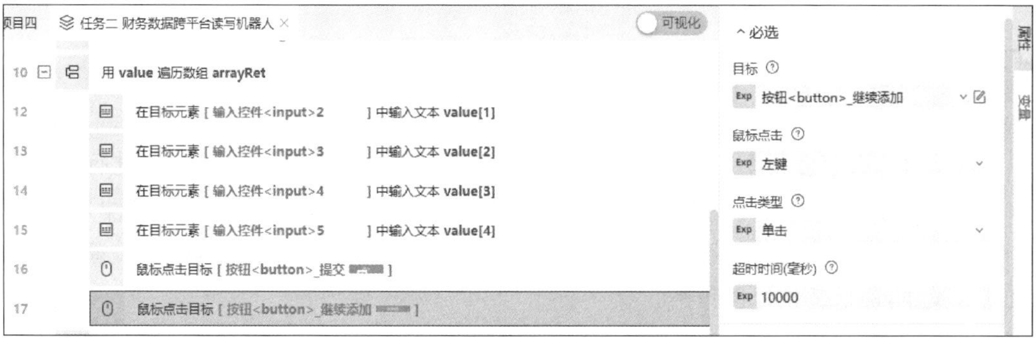

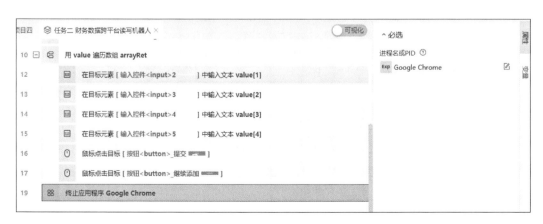

图 4 - 69　点击目标——继续添加

在上一条数据提交完成后,点击网页中的"继续添加",开始录入下一条数据。直至数据全部录入完毕为止。

五、关闭网页

关闭应用。页面左侧命令区中找到命令"关闭应用",双击或拖入执行区,放置在"点击目标"之后,需要放在循环外面,否则会循环执行关闭应用的操作,导致流程异常,用于数据全部录入完成后关闭网页,如图 4 - 70 所示。

页面右侧属性栏中,输入应用程序的进程名,以此来关闭应用。

图 4 - 70　关闭应用

发票信息校
验机器人

思考拓展

1. 浏览器和 Excel 打开后,有时候窗口不是最大化或者最小化状态,是否影响后续操作? 如有影响,应如何解决?

2. 可以通过遍历来进行结构化数据的处理以及写入,但如果只进行部分信息该如何做? 例如,只想要录入前十条数据该如何处理?

项目小结

本项目一共包含两个任务,分别演示了 UiBot 中利用浏览器自动化流程进行数据抓取和 Excel 与 B/S 模式系统跨平台数据交互流程自动化的实现。在操作过程中,结合循环等逻辑控制语句,能够使用流程自动化完成繁琐的、重复性高的浏览器操作,替代人力繁琐的操作,降低工作的出错率。

课后习题

【习题 4-1】 公司需要采购一批计算机,现在需要进行预算价格的查询。请利用浏览器流程自动化,通过谷歌浏览器访问京东网站,查询"计算机"商品的信息,并将查询结果的前两页中商品的"名称""价格""店铺名称"通过"数据抓取"的方式,保存在以"计算机商品信息.xlsx"的文件中。

【习题 4-2】 公司的采购清单如图 4-71 所示。现在需要对表格中所列商品进行预

图 4-71　采购清单

算价格的查询,请利用浏览器流程自动化,通过谷歌浏览器访问京东网站,查询所有商品的信息,并将查询结果的前两页中商品的"名称""价格""店铺名称"通过"数据抓取"的方式,保存在以"商品名称+价格信息.xlsx"命名的文件中。若商品名称是计算机,则保存文件名称为"计算机价格信息.xlsx"。

知行合一

    数据分析已经成为经济社会不可缺少的关键环节,数据分析的基础是数据,数据抓取是获得数据的重要手段之一。在数据抓取过程中要遵守法律规定和道德准则,尊重公民权益,确保数据使用的合法性和合理性;要关注信息的真实性和可靠性,避免误传或散布虚假信息。

    点评:对于引用和使用的数据,应该严格核实来源并验证数据的准确性,以确保信息传播的正确性和客观性;在数据抓取中要秉持社会责任意识,避免滥用数据和追求个人或狭隘利益。

项目五

银行对账与数据报告生成机器人运用

　　企业财务人员在月度末、季度末、年度末都需要进行数据信息核对和统计工作,这类工作数据量大,开展频率较高。这些信息有些来自不同的平台,有自己特有的格式,与企业内部财务人员所使用格式存在差异;有些汇总统计数据存放在不同的表中,需要跨表引用。本项目展示如何利用 UiBot 进行跨平台数据核对及多表数据引用。

知识目标

1. 理解分支结构的执行流程及常用的分支结构类型。
2. 理解循环结构的执行流程及常用的循环结构类型。
3. 理解数组与数据表的概念。
4. 理解数组和数据表的不同操作。

技能目标

1. 能够使用 UiBot 调用构建数据表,并在数据表中进行常用操作。
2. 能够使用数组和数据表处理数据。
3. 能够进行数组与数据表之间的相互转换。

素养目标

1. 通过学习银行对账机器人的搭建,培养细心、严谨的工作态度。
2. 通过学习数据报告生成机器人的搭建,提升迁移学习的能力。

思维导图

项目五思维导图如图 5-1 所示。

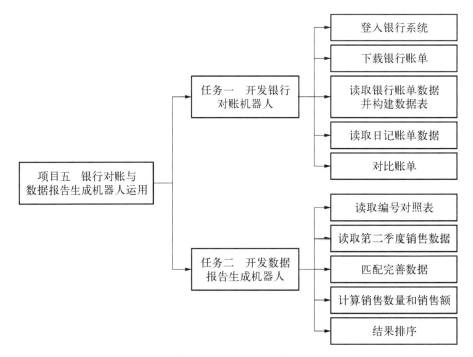

图 5-1 项目五思维导图

任务一　开发银行对账机器人

任务场景

　　小也作为公司财务工作人员,现需要登录相关银行系统(此处以"简道云 https://www.jiandaoyun.com/signin/"为例模拟虚拟银行环境),导出本月银行流水账单数据表,依据本地记录日记账流水账单与银行流水账单进行账目流水核对,并对结果作出相应记录。因为此项工作繁琐、重复、易出错且需要经常开展,所以小也决定使用 UiBot 数据表相关功能,"一劳永逸"地解决该对账问题。

任务准备

一、任务分析

　　开始制作前,首先分析整个任务即：登录银行系统(本案例使用简道云模拟银行系统)下载流水数据,然后根据本地日记账流水账单中交易日、交易账号、借方金额、贷方金额、流水号,与银行流水账单相应数据进行核对。核对不一致的数据需要进行标记并查找原因。

二、构建数据

　　本任务共有两个 Excel 源数据："银行日记账流水数据.xlsx"和"银行流水数据.xlsx",表格结构和部分数据分别如图 5-2 和图 5-3 所示。

三、流程图/步骤分解

　　任务流程图如图 5-4 所示,任务步骤分解表如表 5-1 所示。

交易日	摘要	交易对方	交易账号	借方金额(元)	贷方金额(元)	余额(元)	流水号	备注
2000-02-04 00:00:00	支付投标保证金	内江市席尔食品集团	4367423152762216692		693 018.98	356 677 051.43	000100	支付货款
2000-03-05 00:00:00	支付货款	辽阳市般高药业有限	4367422908909238331	652 798.48		359 010 877.42	000099	支付货款
2000-03-05 00:00:00	收到货款	韶关市库於信息科技股	4367429401406280102		704 624.65	359 715 502.07	000098	收到货款
2000-03-06 00:00:00	采购办公用品	东莞市慕妮信息科技股	4367424434712056972	939 459.13		358 776 042.94	000097	文具等办公用具
2000-03-06 00:00:00	收到货款	吕梁市怀品广告集团	4367424563346011271		942 399.41	359 718 442.35	000096	收到货款
2000-03-07 00:00:00	采购办公设备	吉安市罗旭贸易集团	4367427606057496831	699 754.68		359 018 687.67	000095	电脑及其配件等
2000-03-07 00:00:00	支付货款	济宁市幸郎教育科技股	4367427768634409762	100 855.22		359 018 687.67	000094	支付货款
2000-03-08 00:00:00	收到货款	昭通市席氏医药有限公	4367421832558183941		107 373.49	359 025 205.94	000093	收到货款
2000-03-08 00:00:00	收到货款	来宾市封岚投资集团	4367427768674019442		217 519.47	359 242 725.41	000092	收到货款
2000-03-09 00:00:00	收到货款	烟台市蓟守门广告集团	4367427129254272641		522 703.46	359 765 428.87	000091	收到货款
2000-03-09 00:00:00	收到货款	营口市咸今文化传播有	4367423775361415172		425 799.32	360 191 228.19	000090	收到货款
2000-03-09 00:00:00	收到货款	巢湖市菁熹医药有限公	4367422251777758102		349 200.38	360 540 428.57	000089	收到货款
2000-03-10 00:00:00	支付货款	忻州市郎成药业股份有	4367429569643381682	534 279.35		360 006 149.22	000088	支付货款
2000-03-11 00:00:00	收到货款	怀化市明杜保险有限公	4367422366252393052		842 366.97	360 848 516.19	000087	收到货款
2000-03-11 00:00:00	支付货款	三亚市鲍后食品股份有	4367426058888921951	189 741.23		360 658 774.96	000086	支付货款
2000-03-11 00:00:00	收到货款	龙岩市铈种医药股份有	4367424467536783182		20 611.87	360 679 386.83	000085	收到货款
2000-03-12 00:00:00	支付投标保证金	安顺市通吃保险股份有	4367426288796485511	350 034.36		360 329 352.47	000084	支付货款
2000-03-12 00:00:00	支付货款	定西市席沙资集团	4367422753614115712	52 830.24		360 276 522.23	000083	支付货款
2000-03-13 00:00:00	支付货款	广州市徽讯药业有限公	4367424558913883422	567 978.81		359 708 543.42	000082	支付货款
2000-03-13 00:00:00	收到退回款	巢湖市羌崎医药有限公	4367426884814369412		193 938.41	359 902 481.83	000081	汇款退回
2000-03-13 00:00:00	支付货款	阳江市于收岁资集团	4367429985644124841	389 246.45		359 513 235.38	000080	支付货款
2000-03-14 00:00:00	收到退回垫付款	焦作市蔼永顺地产有限	4367421635929426461		373 837.9	359 887 073.28	000079	收到货款
2000-03-14 00:00:00	收到货款	钦州市汲嬏贸易有限公	4367422488796000361		856 600.57	360 743 673.85	000078	收到货款
2000-03-14 00:00:00	支付货款	铁岭市谷染保险股份有	4367428104861391012	513 476.37		360 230 197.48	000077	支付货款
2000-03-14 00:00:00	收到货款	海口市勾曲教育科技股	4367428043143866001		466 900.48	360 697 097.96	000076	收到货款
2000-03-14 00:00:00	收到退回垫付款	泸州市贵布贸易有限公	4367426351442034602		996 220.14	361 693 318.1	000075	收到货款
2000-03-15 00:00:00	收到货款	鹤壁市教育科技集团	4367425749566273732		900 882.13	362 594 200.23	000074	支付货款
2000-03-15 00:00:00	支付货款	洛阳市蓥绸教育科技股	4367422424946198431	780 237.27		361 813 962.96	000073	支付货款
2000-03-15 00:00:00	支付货款	无锡市桑余投资集团	4367424563476800072	499 494.89		361 314 468.07	000072	支付货款
2000-03-15 00:00:00	收到货款	烟台市龚早文化传播股	4367428838633860771		665 459.47	361 979 927.54	000071	收到货款
2000-03-15 00:00:00	缴纳当月五险	中国建设银行广州蔖洲	4367426681757181402	258 992.26		361 720 935.28	000070	缴纳劳动保险
2000-03-15 00:00:00	缴纳企业所得税	中国建设银行广州蔖洲	4367426772211603631	148 447.66		361 572 487.62	000069	
2000-03-15 00:00:00	缴纳个人所得税	中国建设银行广州蔖洲	4367428043143866001	468 959.58		361 103 528.04	000068	应交税费
2000-03-15 00:00:00	缴纳职工住房公积金	中国建设银行广州蔖洲	4367429429589250152	215 321.13		360 888 206.91	000067	
2000-03-15 00:00:00	发放当月工资	中国建设银行广州蔖洲	4367426894798129771	134 240.19		360 753 966.72	000066	应付职工薪酬
2000-03-15 00:00:00	支付当月电费	中国南方电网有限责任	4367424565336087602	665 885.42		360 088 081.3	000065	电费
2000-03-15 00:00:00	支付租金	东凌控股集团有限公	4367424913337142531	596 554.5		359 491 526.8	000064	办公楼租金
2000-03-15 00:00:00	支付物业管理费	东凌控股集团有限公	4367423137534971232	828 865.53		358 662 661.27	000063	物业费
2000-03-15 00:00:00	支付员工福利费	中国建设银行广州蔖洲	4367427369827002181	409 184.15		358 253 477.12	000062	员工生日、节假日等

图5-2　银行日记账流水数据

序号	日期	摘要	交易方	交易账号	借方金额	贷方金额	余额	流水号	备注
1	2000-04-11 00:00:00	支付货款	酒泉市扶谈广告有限公司	4367424494042991741	69 2		355 765 199.64	000001	支付货款
2	2000-04-10 00:00:00	收到预付款	鹤岗市伊贞保险股份有限公司	4367428109433281532		513 1	356 456 193.31	000002	
3	2000-04-10 00:00:00	收到退回保证金	怀化市广句贸易有限公司	4367423406846054972		208 590.45	355 941 991.18	000003	其他应收款
4	2000-04-09 00:00:00	采购办公设备	张掖市庞窗医药有限公司	4367429374507496252	76 606.33		355 733 400.73	000004	电脑及其配件等
5	2000-04-09 00:00:00	收到货款	银川市于咏药业有限公司	4367421683975875561		936 214.62	355 810 007.06	000005	收到货款
6	2000-04-09 00:00:00	支付货款	本溪市杨付食品集团	4367421594141946981	73 147.29		354 873 792.44	000006	支付货款
7	2000-04-09 00:00:00	收到货款	延安市柬楗广告集团	4367422249005931121		5 938.3	354 946 939.73	000007	收到货款
8	2000-04-08 00:00:00	支付货款	漳州市孙佛广告股份有限公司	4367421441859494462	49 791.8		354 353 116.06	000008	支付货款
9	2000-04-08 00:00:00	支付货款	百色市童迁文化传播集团	4367425471247244712	1 725.24		354 402 907.86	000009	支付货款
10	2000-04-07 00:00:00	收到退款	安阳市宋叫信息科技有限公司	4367422089486148781		661 424.46	354 582 133.1	000010	汇款退回
11	2000-04-07 00:00:00	收到退款	常德市窦卧信息科技有限公司	4367424872462250911		200 905.92	353 920 708.64	000011	汇款退回
12	2000-04-06 00:00:00	支付广告费	渭南市姆友贸易股份有限公司	4367429183855389901	918 342.31		353 719 802.72	000012	新品广告费
13	2000-04-06 00:00:00	支付货款	菏泽市媛圭贸易集团	4367429939672462381	704 097.62		354 638 145.03	000013	支付货款
14	2000-04-06 00:00:00	提取备用金	珠海市克义人物流集团	4367429058054429552	237 078.13		355 342 242.65	000014	
15	2000-04-05 00:00:00	报销行政费用	廊坊市贝珶贸易股份有限公司	4367421789834359051	820 855.96		355 579 320.78	000015	停车费、差旅费等
16	2000-04-05 00:00:00	收到退款	湘潭市项温药业有限公司	4367422461366193051		52 377.57	356 400 176.74	000016	汇款退回
17	2000-04-03 00:00:00	支付货款	深圳市濮哥药业股份有限公司	4367424933709870712	479 632.34		356 347 799.17	000017	支付货款
18	2000-04-03 00:00:00	支付货款	西宁市贵句信息科技股份有限公司	4367428875318683532	709 798.8		356 827 431.51	000018	支付货款
19	2000-04-01 00:00:00	收到货款	阜阳市成勃投资集团	4367426341425226432		263 935.47	357 537 230.31	000019	
20	2000-04-01 00:00:00	收到预付款	资阳市郡郡食品公司	4367422825679923372	454 266.89		357 273 294.84	000020	支付货款
21	2000-04-01 00:00:00	收到货款	通辽市虞涣物流集团	4367422937757766352		682 990.5	357 727 561.73	000021	收到货款
22	2000-04-01 00:00:00	收到货款	广安市东乐物流集团	4367421349265079331		14 557	357 044 572.2	000022	收到货款
23	2000-03-31 00:00:00	收到货款	锦州市黎真投资股份有限公司	4367429202246621381		370 063.67	356 898 995.21	000023	收到货款
24	2000-03-31 00:00:00	提取备用金	成都市冯丞物流集团	4367422796825059251	469 149.69		356 528 931.54	000024	
25	2000-03-31 00:00:00	采购办公设备	铁岭市曹樽投资股份有限公司	4367428314527017872	747 843.52		356 998 081.23	000025	电脑及其配件等
26	2000-03-31 00:00:00	收到货款	银川市镪阅药业股份有限公司	4367423419296826942		17 852.68	357 745 924.75	000026	
27	2000-03-30 00:00:00	提取备用金	绍兴市孟肖物流集团	4367426925686223312	726 951.45		357 728 072.07	000027	
28	2000-03-30 00:00:00	支付货款	定西市申西物流股份有限公司	4367421964125143232	399 364.78		358 455 023.52	000028	支付货款
29	2000-03-29 00:00:00	收到货款	新乡市阜树投资集团	4367422665831215621		608 713.46	358 854 388.3	000029	收到货款
30	2000-03-29 00:00:00	收到货款	枣庄市庭巨药业有限公司	4367425259271603182		297 205.88	358 245 674.84	000030	收到货款
31	2000-03-29 00:00:00	支付货款	资阳市唐锢信息科技股份有限公司	4367423125601155021	85 245.21		357 948 468.96	000031	支付货款
32	2000-03-28 00:00:00	支付货款	龙岩市勾架文化传播集团	4367422755798898511	245 338.47		358 033 714.17	000032	支付货款
33	2000-03-28 00:00:00	收到货款	长春市宪宝投资有限公司	4367423906845396591		12 414.79	358 279 052.64	000033	
34	2000-03-28 00:00:00	采购办公设备	大连市嘉以药业股份有限公司	4367421324115496002	540 666.26		358 266 637.85	000034	电脑及其配件等
35	2000-03-27 00:00:00	收到货款	衡水市府燧信息科技股份有限公司	4367423945051473972		850 152.69	358 816 303.21	000035	收到货款
36	2000-03-27 00:00:00	收到货款	许昌市樊哗广告集团股份有限公司	4367424162261524142		480 768.9	357 966 150.52	000036	收到货款
37	2000-03-25 00:00:00	采购办公设备	宁波市李孙医药有限公司	4367423429814981682	179 207.38		357 485 381.62	000037	电脑及其配件等
38	2000-03-25 00:00:00	支付货款	绵阳市贝古贸易有限公司	4367425293896839922	953 834.11		357 664 589.0	000038	支付货款
39	2000-03-24 00:00:00	提取备用金	太原市毛语房地产有限公司	4367425142359474881	42 012.18		356 618 423.11	000039	
40	2000-03-23 00:00:00	收到货款	清远市岔势文化传播集团	4367422772277944571		819 736.96	358 660 435.29	000040	收到货款
41	2000-03-23 00:00:00	收到退回保证金	南充市幸绿教育集团有限公司	4367425563441643041		778 628.64	357 840 698.33	000041	其他应款

图5-3　银行流水数据

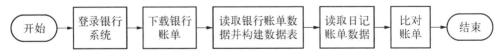

图5-4　任务流程图

表 5 - 1　任务步骤分解表

步　　骤	命　　令
步骤一：登录银行系统	（1）搭建模拟银行系统 （2）启动新的浏览器 （3）更改窗口显示状态 （4）在目标中输入——账号 （5）在目标中输入——密码 （6）点击目标——登录
步骤二：下载银行账单	（1）点击目标——银行系统 （2）点击目标——编辑表单 （3）点击目标——数据管理 （4）点击目标——导出 （5）点击目标——全部数据 （6）点击目标——同时导出 data_id （7）点击目标——导出 （8）点击目标——立即下载 （9）在目标中输入——在文件名处输入保存路径位置 （10）点击目标——保存 （11）关闭窗口——关闭模拟银行系统窗口
步骤三：读取银行账单数据并构建为数据表	（1）打开 Excel 工作簿 （2）读取区域 （3）关闭 Excel 工作簿 （4）构建数据表
步骤四：读取日记账单数据	（1）打开 Excel 工作簿 （2）读取区域
步骤五：比对账单	（1）变量赋值 （2）依次读取数组中每个元素 （3）变量赋值 （4）数据筛选 （5）获取行列数 （6）如果条件成立 （7）设置区域颜色 （8）关闭 Excel 工作簿

任务实施

一、登录银行系统

（一）搭建模拟银行系统

启动浏览器，在地址栏输入网址"www.jiandaoyun.com"，在打开的页面中，点击"立即注册",如图5-5所示。根据页面提示步骤,完成账号注册。如已有账号,直接登录。

图5-5　注册简道云账号

启动浏览器,在地址栏输网址"www.jiandaoyun.com",在打开的页面中,点击"登录",用上一步注册的账号登录平台,进入工作台。

在工作台页面,单击"新建应用"按钮,创建空白应用,命名为"银行流水数据",应用图标和颜色自选,完成后单击"确定"。

单击"新建表单"—"从 Excel 创建表单",选择文件"银行流水.xlsx",按提示点击"下一步"—"导入",完成模拟银行系统搭建。

(二) 启动新的浏览器

启动 Uibot,新建一个空白流程,命名为"银行对账机器人",在流程块编辑窗口。左侧命令区中找到命令"启动新的浏览器",双击或拖入执行区,如图5-6所示。

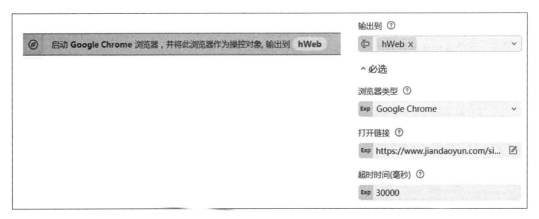

图5-6　启动新的浏览器

页面右侧属性栏中,浏览器类型选择"Google Chrome",即谷歌浏览器,也可根据不同电脑实际情况进行选择,打开简道云网址"https://www.jiandaoyun.com/signin/"。

(三) 更改窗口显示状态

页面左侧命令区中找到命令"更改窗口显示状态",双击或拖入执行区,放置在"启动新的浏览器"之后,如图5-7所示。

图 5‒7　更改窗口显示状态

　　页面右侧属性栏中，显示状态选择"最大化"，并将光标移动至"未指定"按钮点击，点击"从界面上选取"后，UiBot 会自动最小化，一个可选取的浏览器界面会置于顶端，光标移动至整个浏览器页面后，等待自动识别后单击，最大化浏览器页面。

（四）在目标中输入——账号

　　页面左侧命令区中找到命令"在目标中输入"，双击或拖入执行区，放置在"更改窗口显示状态"之后，如图 5‒8 所示。

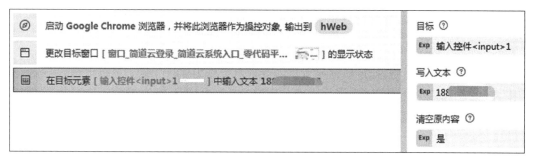

图 5‒8　在目标中输入——账号

　　页面右侧属性栏中，选择所需要输入账号的输入框作为执行元素，"写入文本"设置所需要输入的文本内容，即模拟银行系统登录账号，可设置字符串变量。

（五）在目标中输入——密码

　　页面左侧命令区中找到命令"在目标中输入密码"，双击或拖入执行区，放置在"在目标中输入"之后，如图 5‒9 所示。

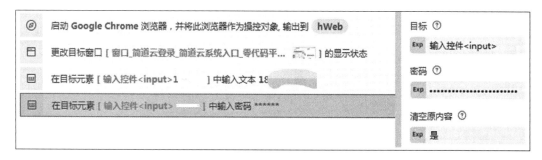

图 5‒9　在目标中输入——密码

页面右侧属性栏中,选择所需要输入密码的输入框作为执行元素,输入登录模拟银行系统密码。

(六) 点击目标——登录

页面左侧命令区中找到命令"点击目标",双击或拖入执行区,放置在"在目标中输入密码"之后,如图5-10所示。

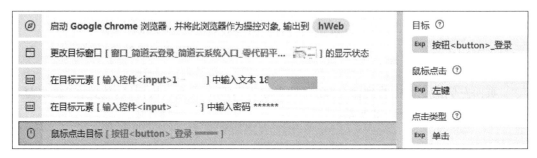

图5-10 点击目标——登录

页面右侧属性栏中,指定所需要点击的元素对象作为执行元素,"鼠标点击"可选择使用"左键""中键"或"右键"进行点击;"点击类型"可选择"单击""双击""按下"或"弹起"等操作;此处选择"左键""单击"。

二、下载银行账单

(一) 点击目标——银行系统

页面左侧命令区中找到命令"点击目标",双击或拖入执行区,放置在"点击目标"之后,如图5-11所示。

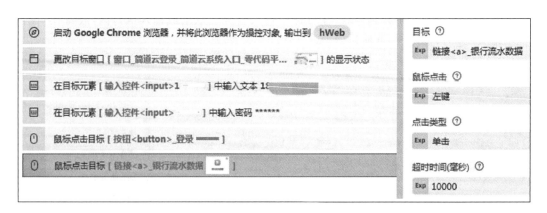

图5-11 点击目标——银行系统

（二）点击目标——编辑表单

页面左侧命令区中找到命令"点击目标"，双击或拖入执行区，放置在"点击目标"之后，如图 5-12 所示。

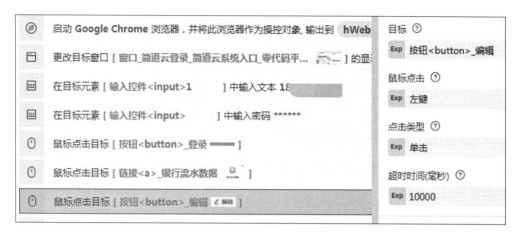

图 5-12 点击目标——编辑表单

（三）点击目标——数据管理

页面左侧命令区中找到命令"点击目标"，双击或拖入执行区，放置在"点击目标"之后，如图 5-13 所示。

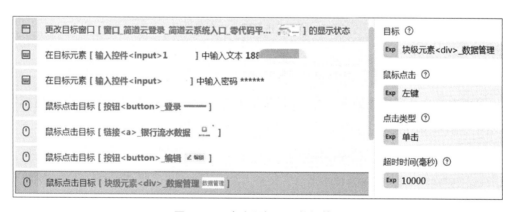

图 5-13 点击目标——数据管理

（四）点击目标——导出

页面左侧命令区中找到命令"点击目标"，双击或拖入执行区，放置在"点击目标"之后，如图 5-14 所示。

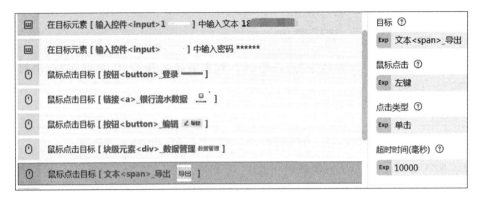

图 5 - 14   点击目标——导出

(五) 点击目标——全部数据

页面左侧命令区中找到命令"点击目标",双击或拖入执行区,放置在"点击目标"之后,如图 5 - 15 所示。

图 5 - 15   点击目标——全部数据

(六) 点击目标——同时导出 data_id

页面左侧命令区中找到命令"点击目标",双击或拖入执行区,放置在"点击目标"之后,如图 5 - 16 所示。

图 5 - 16   点击目标——同时导出 data_id

(七) 点击目标——导出

页面左侧命令区中找到命令"点击目标",双击或拖入执行区,放置在"点击目标"之后,如图 5 - 17 所示。

图 5 - 17 点击目标——导出

(八) 点击目标——立即下载

页面左侧命令区中找到命令"点击目标",双击或拖入执行区,放置在"点击目标"之后,如图 5 - 18 所示。

图 5 - 18 点击目标——立即下载

(九) 在目标中输入——在文件名处输入保存路径位置

页面左侧命令区中找到命令"在目标中输入",双击或拖入执行区,放置在"点击目标"之后,如图 5 - 19 所示。

页面右侧属性栏中,选择所需要输入路径的输入框作为执行元素,"写入文本"处填写文件保存路径(.在此处即为保存的位置)。如将下载的数据文件以"银行流水.xlsx"为名保存到"E 盘",则在"写入文本"处输入"E:\银行流水.xlsx"。

图 5‑19　在目标中输入——保存路径位置

【提示】如果单击"下载"后，没有出现"另存为"对话框，可以在网页设置中，单击"设置"—"下载内容"—"下载前询问"。

（十）点击目标——保存

页面左侧命令区中找到命令"点击目标"，双击或拖入执行区，放置在"在目标中输入"之后，图 5‑20 所示。

图 5‑20　点击目标——保存

【注意】单击"保存"按钮后，最好设置一定的延时，例如 30 000 毫秒。给计算机足够的下载保存时间。

（十一）关闭窗口——关闭模拟银行系统窗口

页面左侧命令区中找到命令"关闭窗口"，双击或拖入执行区，放置在"点击目标"之后，如图 5‑21 所示，关闭银行模拟系统页面。

图 5‑21　关闭窗口——关闭模拟银行系统窗口

至此,简道云模拟系统数据的下载完成。实际工作中,可以根据银行网页的不同情况,使用录入文本、鼠标点击等功能,完成银行数据的下载工作。

三、读取银行账单数据并构建数据表

(一) 打开 Excel 工作簿

页面左侧命令区中找到命令"打开 Excel 工作簿",双击或拖入执行区,放置在"关闭窗口"之后,如图 5‑22 所示。

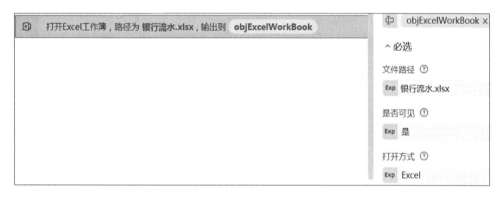

图 5‑22　打开 Excel 工作簿——银行流水.xlsx

页面右侧属性栏中,点击"文件夹"图标,选择需要打开的 Excel 工作簿,即下载下来的数据。也可以在"文件路径"中直接输入上一步骤中文件保存的位置直接打开,需要注意的是需要精确到文件名,而不是文件夹名称。"打开方式"根据所使用的电脑上安装的软件选择 Excel 或 WPS。

(二) 读取区域

页面左侧命令区中找到命令"读取区域",双击或拖入执行区,放置在"打开 Excel 工作簿"之后,如图 5‑23 所示。

页面右侧属性栏中,"输出到"结果变量"bankArray"中;操作的"工作簿对象"是已打开的工作簿变量;"工作表"填写"Sheet1";"读取区域"为"A1",意为从"A1"单元格开始的全部内容。

(三) 关闭 Excel 工作簿

页面左侧命令区中找到命令"关闭 Excel 工作簿",双击或拖入执行区,放置在"读取区域"之后,如图 5‑24 所示。

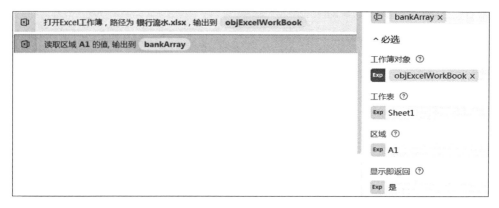

图 5‐23   读取区域——读取内容

图 5‐24   关闭 Excel 工作簿

一般情况下，每次打开工作簿操作后都需要关闭操作。

（四）构建数据表

页面左侧命令区中找到命令"构建数据表"，双击或拖入执行区，放置在"关闭 Excel 工作簿"之后，如图 5‐25 所示。

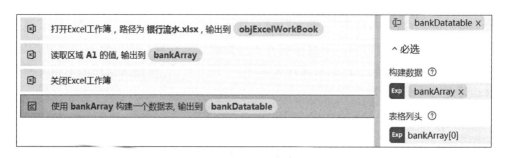

图 5‐25   构建数据表——构建银行数据表

页面右侧属性栏中，"输出到"结果变量"bankDatatable"中；"构建数据"填入"bankArray"，即上一步读取到的银行数据；"表格列头"填入"bankArray[0]"，把读取到的银行数据的第一行作为表格列头。

【注意】数组索引取值，索引从 0 开始。

四、读取日记账单数据

(一) 打开 Excel 工作簿

页面左侧命令区中找到命令"打开 Excel 工作簿",双击或拖入执行区,放置在"构建数据表"之后,如图 5-26 所示。

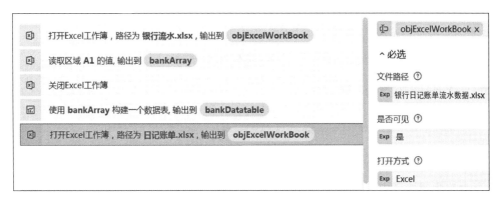

图 5-26　打开 Excel 工作簿

页面右侧属性栏中,点击"文件夹"图标,选择需要打开的 Excel 工作簿,即银行日记账单流水数据。

(二) 读取区域

页面左侧命令区中找到命令"读取区域",双击或拖入执行区,放置在"打开 Excel 工作簿"之后,如图 5-27 所示。

图 5-27　读取区域

页面右侧属性栏中,输出到结果变量"billArray"中;"工作簿对象"是已打开的工作簿变量;工作表默认为"Sheet1",可根据实际情况进行修改,"区域"写入"A2",读取从"A2"开始的所有数据。

五、比对账单

（一）变量赋值

页面左侧命令区中找到命令"变量赋值"，双击或拖入执行区，放置在"读取区域"之后，如图5-28所示。

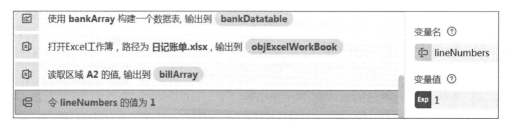

图5-28　变量赋值——行号

页面右侧属性栏中，"1"作为初始"变量值"，存入"变量名"为"lineNumbers"的变量中，用于存放行号初始值。

（二）依次读取数组中每个元素

页面左侧命令区中找到命令"依次读取数组中每个元素"，双击或拖入执行区，放置在"变量赋值"之后，如图5-29所示。

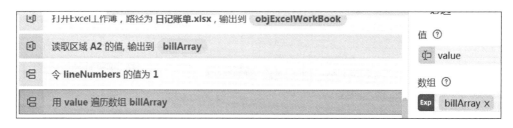

图5-29　依次读取数组中每个元素

页面右侧属性栏中，遍历"数组"变量"billArray"，每个元素的"值"为变量"value"。依次把日记账单数据赋值给变量。

（三）变量赋值

页面左侧命令区中找到命令"变量赋值"，双击或拖入执行区，放置在"依次读取数组中每个元素"内部，如图5-30所示。

页面右侧属性栏中，"变量值"为"lineNumbers＋1"，存入"变量名"为"lineNumbers"的变量中，行号根据循环进行递增。

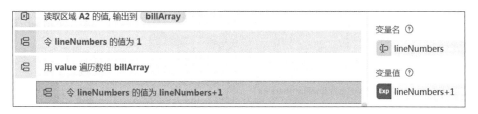

图 5‑30 变量赋值——行号递增

(四) 数据筛选

页面左侧命令区中找到命令"数据筛选",双击或拖入执行区,放置在"变量赋值"之后,如图 5‑31 所示。

图 5‑31 数据筛选

页面右侧属性栏中,"输出到"结果变量"data"中,"数据表"填入前面构建的数据表变量"bankDatatable"。

"筛选条件"切换为"专业模式"后,填入筛选条件""交易日==\""&value[1]&"\""&" and "&"交易账号==\""&value[4]&"\""&"and "&"借方金额==\""&value[5]&"\""&"and "&"贷方金额==\""&value[6]&"\""&"and "&"流水号==\""&value[8]&"\""""。

其中,"交易日==\""&value[1]&"\""中,value[1]:表示日记账单内"交易日"列,表达式是对银行流水交易日与日记账交易日是否相等进行判断,后续条件与之类同,多个条件用"and"运算符相连(and 前后需有空格),"\"表示转义。

(五) 获取行列数

页面左侧命令区中找到命令"获取行列数",双击或拖入执行区,放置在"数据筛选"之后,如图 5‑32 所示。

页面右侧属性栏中,"源数据表"内填入筛选后的数据表变量"data","输出到"结果变量"arrayShape"中。根据行数进行后续判断日记账单该记录是否存在于银行账单内。

(六) 如果条件成立

页面左侧命令区中找到命令"如果条件成立",双击或拖入执行区,放置在"获取行列数"之后,如图 5‑33 所示。

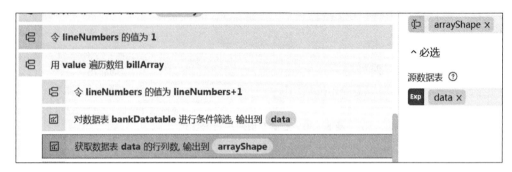

图 5‐32 获取行列数

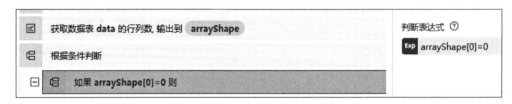

图 5‐33 如果条件成立

页面右侧属性栏中,"判断表达式"一栏输入"arrayShape[0]=0",表达式"arrayShape[0]"表示获取行列数组的行数,如果等于"0",说明没有找到匹配的记录,进行下一步的颜色标注。

(七) 设置区域颜色

页面左侧命令区中找到命令"设置区域颜色",双击或拖入执行区,放置在"如果条件成立"内部,如图 5‐34 所示。

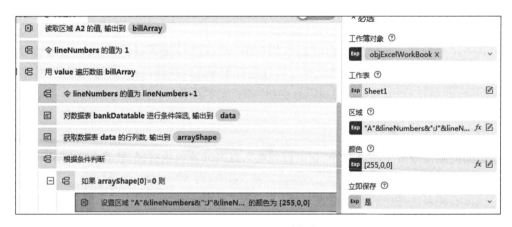

图 5‐34 设置区域颜色

页面右侧属性栏中,"工作簿对象"是已打开的日记账工作簿变量 objExcelWorkBook;"工作表"是"Sheet1";"区域"为动态变量""A"&lineNumbers&"∶J"&lineNumbers";"颜色"为"[255,0,0]",可根据实际情况修改颜色。

（八）关闭 Excel 工作簿

页面左侧命令区中找到命令"关闭 Excel 工作簿"，双击或拖入执行区，放置在"依次读取数组中每个元素"外部，与循环同一级，如图 5-35 所示。

图 5-35　关闭 Excel 工作簿

运行结果如图 5-36 所示。

图 5-36　运行结果

思考拓展

1. 数据核对完成后，如需直接把相关数据文件以邮件的形式发送给相关工作人员，应

银行对账机器人开发详解

当如何发送?

2. 文件下载需要一定时间,如何保证下载完成后再进行下一步操作?

3. 浏览器打开后,存在其他弹窗(如广告或温馨提示等)应当如何处理?

知识准备

"For 循环"是计次循环,一般应用在循环次数已知的情况,对应的命令有:从初始值开始按步长计数、依次读取数组中每个元素和依次读取字典中每对键值。

一、从初始值开始按步长计数

"从初始值开始按步长计数"命令位置在"基本命令"—"词法语法"中。

该命令的功能是生成一个从初始值开始的等差序列,等差序列中每一项与它的前一项的差等于步长。循环执行时,等差序列中的每一个元素依次参与循环体运算。For 循环的基本语法如下:

> For 循环变量= 初始值 To 结束值 step 步长
> 　　循环体
> Next

【示例 5-1】　使用"输入对话框"输入一个正整数(如"n"),计算并输出该数的阶乘(n!)。

【具体操作步骤】

(1)使用"输入对话框"命令创建一个对话框用于输入一个正整数,页面右侧属性栏中的"输出到"使用默认变量名"sRet","消息内容"填写"请输入一个正整数","对话框标题"设置成"输入数据",如图 5-37 所示。

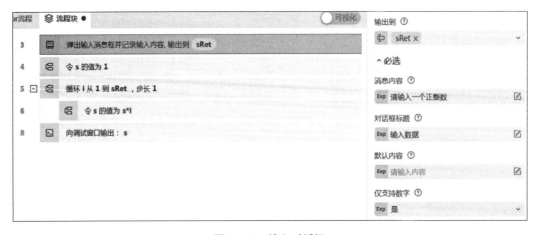

图 5-37　输入对话框

（2）使用"变量赋值"命令，变量名为"s"，变量值为"1"，用于记录计算阶乘的初始值，如图 5 - 38 所示。

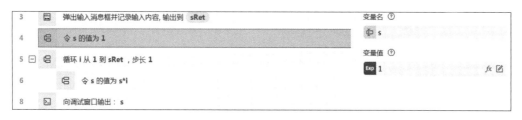

图 5 - 38　变量赋值

（3）添加"从初始值开始按步长计数"命令放置在变量赋值的后面，设置索引名称为"i"，初始值为"1"，结束值为"sRet"，步长为"1"，如图 5 - 39 所示。

图 5 - 39　从初始值开始按步长计数

（4）添加"变量赋值"命令，放在"从初始值开始按步长计数"命令内部，变量名为"s"，变量值为"s * i"，如图 5 - 40 所示。

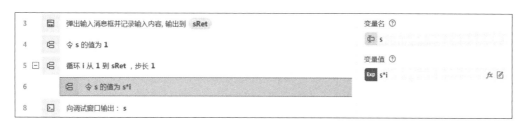

图 5 - 40　变量赋值

（5）添加"输出调试信息"命令，放在"从初始值开始按步长计数"命令外部，输出内容为"s"，如图 5 - 41 所示。完成后，保存流程。

图 5 - 41　输出调试信息

（6）进入源代码页面，可以看到代码，如图5-42所示。

```
1    Dim sRet,iRet
2
3    sRet = Dialog.InputBox("请输入一个正整数","输入数据","",true)
4    s=1
5    For i=1 To sRet step 1
6        s=s*i
7    Next
8    TracePrint(s)
```

图5-42　For循环源代码

（7）运行程序，首先会弹出输入对话框，如图5-43所示。在输入对话框中输入一个正整数（如"5"），并点击"确定"按钮后，能在输出区看到计算结果，如图5-44所示。

图5-43　输入对话框显示

```
[2023-2-19 22:02:45] [INFO] 流程 流程块.task 开始运行
[2023-2-19 22:04:14] [INFO] 流程块.task 第8行: 120
[2023-2-19 22:04:15] [INFO] E:\Users\Administrator\My
Document\UiBot\creator\Projects\for流程\流程块.task 运行已结束
```

图5-44　输出运行结果

二、依次读取数组中每个元素

"依次读取数组中每个元素"命令的位置在"基本命令"—"词法语法"中。

该命令的功能是遍历数组，即依次获取数组中的每一个元素，参与循环体运算。基本语法如下：

> For Each 变量名 In 数组
> 循环体
> Next

【示例5-2】　定义数组变量"$income=[2500,120,3500,100]$"存放员工基本工资、交通补贴、提成、餐补，计算并输出该员工本月总收入。

【具体操作步骤】

添加"变量赋值"命令,变量名为"*income*",变量值为"[2500,120,3500,100]",如图5-45所示。

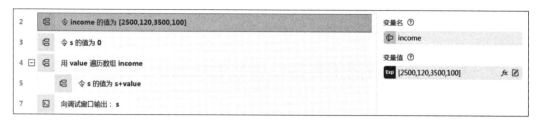

图5-45　变量赋值

添加"变量赋值"命令,变量名为"*s*",变量值为"0",用于记录工资累计的初始值,如图5-46所示。

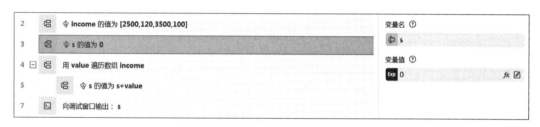

图5-46　变量赋值

添加"依次读取数组中每个元素"命令放置在"变量赋值"的后面,设置值为"value",数组为"income",如图5-47所示。

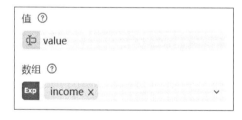

图5-47　依次读取数组中每个元素

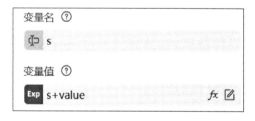

图5-48　变量赋值

添加"变量赋值"命令,放在"依次读取数组中每个元素"命令内部,变量名为"*s*",变量值为"*s*+*value*",如图5-48所示。

添加"输出调试信息"命令,放置在"依次读取数组中每个元素"命令外部,输出内容为"*s*"。

完成后,保存流程,进入源代码页面,可以看到代码,如图5-49所示。

```
1   Dim temp
2   income = [2500,120,3500,100]
3   s = 0
4   For Each value In income
5   s = s+value
6   Next
7   TracePrint(s)
```

图5-49　输出调试信息

运行流程,可以在调试信息处看到计算结果。

"依次读取字典中每对键值"与"依次读取数组中每个元素"类似,可以结合字典数据类型特征灵活使用,不再赘述。

任务二　开发数据报告自动生成机器人

作为大型连锁书店的总部后台员工,现在三个店铺(博达书店、鼎盛书店、隆华书店)第二季度销售记录已经全部汇总到小也处。小也需要根据各区域店铺第二季度的销售记录与图书信息,做出第二季度销售数据报表,报表应包含各个店铺第二季度销售书籍的销售数量和销售金额,并按照销售金额进行排序。由于操作重复且经常进行此项工作,所以小也决定使用 UiBot 自动完成。

一、任务分析

开始制作前,首先分析整个任务:

(1)读取工作簿"编号对照.xlsx"中各个在售图书的基础信息。

(2)读取工作簿"第二季度销售数据.xlsx"中的销售数据,根据图书编号补充每笔订单中的图书信息。

(3)分别汇总出每个店铺第二季度所售书籍的销售数量和销售金额,并按照销售金额由高到低进行排序。

二、流程图/步骤分解

任务流程图如图 5-50 所示,任务步骤分解表如表 5-2 所示。

图 5-50　任务流程图

表 5-2　任务步骤分解表

步　　骤	命　　令
步骤一：读取编号对照表	（1）打开 Excel 工作簿 （2）读取区域 （3）关闭 Excel 工作簿
步骤二：读取第二季度销售数据	（1）打开 Excel 工作簿 （2）读取区域
步骤三：匹配完善数据	（1）构建数据表 （2）构建数据表 （3）合并数据表 （4）转换为数组 （5）写入区域 （6）写入单元格 （7）自动填充区域
步骤四：计算销售数量和销售金额	（1）读取区域 （2）构建数据表 （3）数据筛选 （4）转换为数组 （5）变量赋值 （6）依次读取数组中每个元素 （7）变量赋值 （8）在数组尾部添加元素
步骤五：结果排序	（1）构建数据表 （2）数据表排序 （3）转换为数组 （4）写入区域 （5）关闭 Excel 工作簿

任务实施

一、读取编号对照表

（一）打开 Excel 工作簿

页面左侧命令区中找到命令"打开 Excel 工作簿"，双击或拖入执行区，如图 5-51 所示。

页面右侧属性栏中，点击"文件夹"图标，选择需要打开的 Excel 工作簿，此处选择"编号对照表.xlsx"。打开方式根据所使用的电脑上安装的软件选择 Excel 或 WPS。

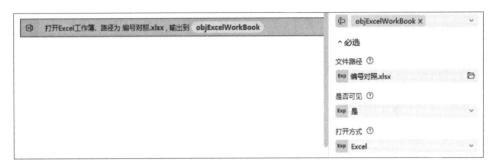

图 5 - 51　打开 Excel 工作簿

(二) 读取区域

页面左侧命令区中找到命令"读取区域",双击或拖入执行区,放置在"打开 Excel 工作簿"之后,如图 5 - 52 所示。

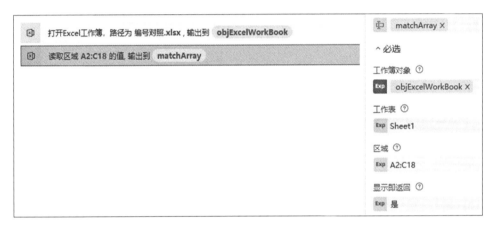

图 5 - 52　读取区域

页面右侧属性栏中,在"工作表"项目中填入当前工作表名称"Sheet1";"区域"项目中填入工作表中数据的区域"A2：C18";为方便后续使用,点击"输出到"项目前的按钮,切换为"专业模式","输出到"变量"matchArray"中。

(三) 关闭 Excel 工作簿

页面左侧命令区中找到命令"关闭工作簿",双击或拖入执行区,放置在"读取区域"之后,无须修改其属性,如图 5 - 53 所示。

图 5 - 53　关闭 Excel 工作簿

二、读取第二季度销售数据

（一）打开 Excel 工作簿

页面左侧命令区中找到命令"打开 Excel 工作簿"，双击或拖入执行区，放置在"关闭 Excel 工作簿"之后，如图 5-54 所示。

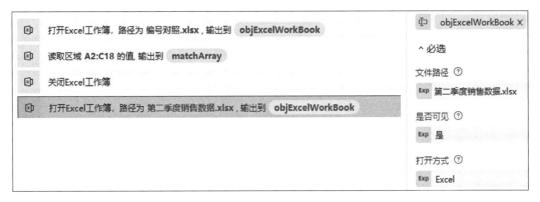

图 5-54　打开 Excel 工作簿

页面右侧属性栏中，点击"文件夹"图标，选择需要打开的 Excel 工作簿，此处选择"第二季度销售数据.xlsx"。

（二）读取区域

页面左侧命令区中找到命令"读取区域"，双击或拖入执行区，放置在"打开 Excel 工作簿"之后，如图 5-55 所示。

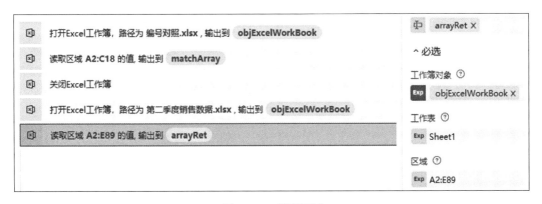

图 5-55　读取区域

页面右侧属性栏中，将"区域"项目改为"A2：E89"，其他设置不变。

三、匹配完善数据

（一）构建数据表

页面左侧命令区中找到命令"构建数据表"，双击或拖入执行区，放置在"读取区域"之后，如图 5 - 56 所示。

图 5 - 56　构建数据表

页面右侧属性栏中，"输出到"项目输入"objData1"，构建数据为"matchArray"，"表格列头"为"["图书编号"，"图书名称"，"定价"]"。

（二）构建数据表

页面左侧命令区中找到命令"构建数据表"，双击或拖入执行区，放置在"构建数据表"之后，如图 5 - 57 所示。

图 5 - 57　构建数据表

页面右侧属性栏中，"输出到"项目输入"objData2"，构建数据为"arrayRet"，"表格列头"为"["订单编号"，"日期"，"书店名称"，"图书编号"，"销售数量"]"。

（三）合并数据表

页面左侧命令区中找到命令"合并数据表"，双击或拖入执行区，放置在"构建数据表"之后，如图 5 - 58 所示。

图 5-58 合并数据表

页面右侧属性栏中，"输出到"项目为"dtTable"，"左表"为"objData2"，"右表"为"objData1"，"连接方式"为"左连接"，"左表列"和"右表列"均为"图书编号"。

(四) 转换为数组

页面左侧命令区中找到命令"转换为数组"，双击或拖入执行区，放置在"合并数据表"之后，如图 5-59 所示。

图 5-59 转换为数组

页面右侧属性栏中，在"输出到"项目输入"objdataarray"，"源数据表"项目填入"dtTable"，"包含表头"项目选择"否"。

(五) 写入区域

页面左侧命令区中找到命令"写入区域"，双击或拖入执行区，放置在"转换为数组"之后，如图 5-60 所示。

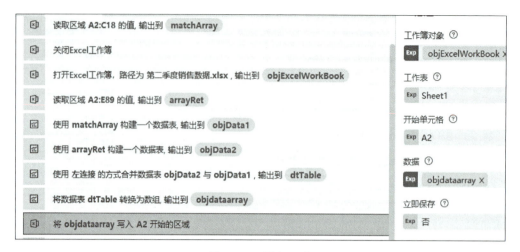

图 5-60　写入区域

　　页面右侧属性栏中，"工作簿对象"项目输入"objExcelWorkBook"，"工作表"项目输入"Sheet1"，"开始单元格"项目为"A2"，"数据"项目选择"objdataarray"。

（六）写入单元格

　　页面左侧命令区中找到命令"写入单元格"，双击或拖入执行区，放置在"写入区域"之后，如图 5-61 所示。

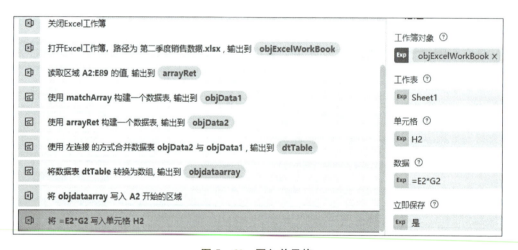

图 5-61　写入单元格

　　页面右侧属性栏中，在"单元格"项目中输入"H2"；在"数据"项目中输入"＝E2 ＊ G2"；将"立即保存"项目改为"是"。

（七）自动填充区域

　　页面左侧命令区中找到命令"自动填充区域"，双击或拖入执行区，放置在"写入单元格"之后，如图 5-62 所示。

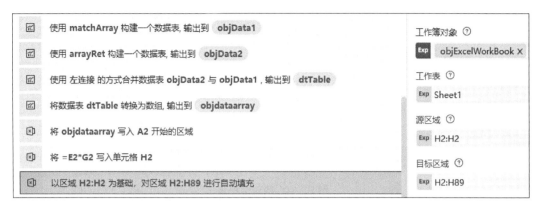

图 5 - 62 自动填充区域

页面右侧属性栏中，在"源区域"项目中输入"H2：H2"；在"目标区域"项目中输入"H2：H89"。依照单元格"H2"的公式，自动填充"H2：H89"单元格。

四、计算销售数量和销售额

(一) 读取区域

页面左侧命令区中找到命令"读取区域"，双击或拖入执行区，放置在"自动填充区域"之后，如图 5 - 63 所示。

图 5 - 63 读取区域

页面右侧属性栏中，"工作表"项目默认不变，在"区域"项目中输入"A1：H89"。

(二) 构建数据表

页面左侧命令区中找到命令"构建数据表"，双击或拖入执行区，放置在"读取区域"之后，如图 5 - 64 所示。

图 5 - 64　构建数据表

页面右侧属性栏中，在"输出到"项目中输入变量"salesInfoDatatable"；将"构建数据"项目切换为"专业模式"，输入变量"arrayRet"，将"表格列头"项目切换为"专业模式"并输入内容"arrayRet[0]"。

（三）数据筛选

页面左侧命令区中找到命令"数据筛选"，双击或拖入执行区，放置在"构建数据表"之后，如图 5 - 65 所示。

图 5 - 65　数据筛选

页面右侧属性栏中，将"数据表"项目切换为"专业模式"，输入变量"salesInfoDatatable"。

点击"筛选条件"项目中的编辑按钮，弹出编辑窗口。在第一个空格中填入列名"书店名称"，条件选择"等于"，第三个空格中填入""隆华书店""，如图 5 - 66 所示。

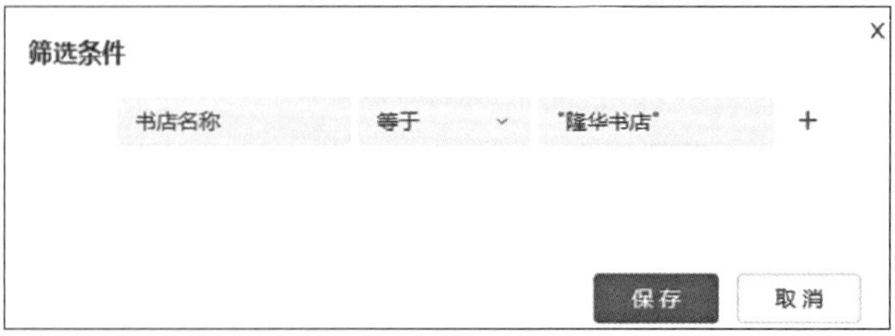

图 5 - 66　筛选条件

此步骤为筛选出数据表中书店名称为"隆华书店"的所有数据。

（四）转换为数组

页面左侧命令区中找到命令"转换为数组"，双击或拖入执行区，放置在"数据筛选"之后，如图 5 - 67 所示。

图 5 - 67　转换为数组

页面右侧属性栏中，依照默认生成，不作修改。

（五）变量赋值

页面左侧命令区中找到命令"变量赋值"，双击或拖入执行区，放置在"转换为数组"之后，如图 5 - 68 所示。

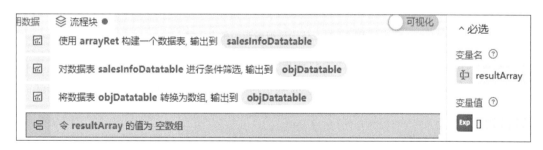

图 5 - 68　变量赋值

页面右侧属性栏中，在"变量名"项目中输入变量"resultArray"，将"变量值"项目切换为"专业模式"，输入值"[ ]"。

使用相同的方式，分别定义"变量名"为"salesNumbers""salesAmount"，"变量值"均为"0"，分别代表销售数量和销售金额，如图 5 - 69 和图 5 - 70 所示。

（六）依次读取数组中每个元素

页面左侧命令区中找到命令"依次读取数组中每个元素"，双击或拖入执行区，放置在"变量赋值"之后，如图 5 - 71 所示。

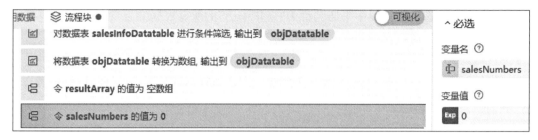

图 5 - 69　变量赋值

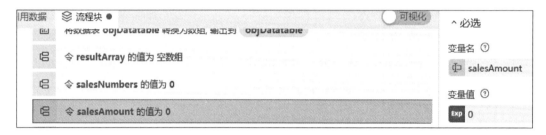

图 5 - 70　变量赋值

图 5 - 71　依次读取数组中每个元素

页面右侧属性栏中,在"数组"项目中输入变量"objDatatable",其他保持不变。在前面步骤中我们通过数据表筛选的方式获取到了所有"隆华书店"的销售记录,此处"value"在循环中代表的就是每一行"隆华书店"的销售记录。

(七) 变量赋值

"value"代表"隆华书店"每一行的销售记录,因此我们只需取出每一行对应列的值进行累加,就可以得到"隆华书店"第二季度的销售数量和销售金额。

页面左侧命令区中找到命令"变量赋值",双击或拖入执行区,放置在"依次读取数组中每个元素"内部,如图 5 - 72 所示。

页面右侧属性栏中,在"变量名"项目中输入变量"salesNumbers",在"变量值"项目中输入内容"salesNumbers+CInt(value[4])","value[4]"表示第 5 列,即销售数量。

【注意】CInt()为类型转换函数,将字符串转为整数类型方便计算。

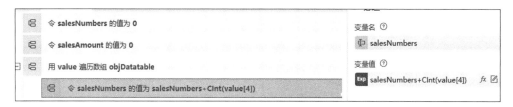

图 5－72　变量赋值

同理,添加"变量赋值"命令,"变量名"为"salesAmount","值"为"salesAmount＋CInt
(value[7])",累加计算销售金额,如图 5－73 所示。

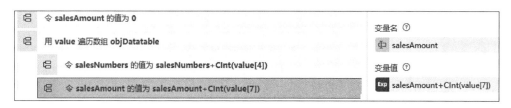

图 5－73　变量赋值

(八) 在数组尾部添加元素

页面左侧命令区中找到命令"在数组尾部添加元素",双击或拖入执行区,放置在"依
次读取数组中每个元素"外部,如图 5－74 所示。

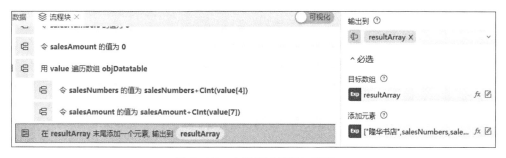

图 5－74　在数组尾部添加元素

页面右侧属性栏中,在"输出到"项目中,输入变量名"resultArray"。将"目标数组"项
目切换为"专业模式",输入变量"resultArray";将"添加元素"项目切换为"专业模式",输
入内容"["隆华书店",salesNumbers,salesAmount]",将当前书店的名称,销售数量和销
售金额放入结果数组中。

参照步骤(三)至步骤(八)的内容,筛选出"博达书店"的数据,并累加计算销售数量和
销售金额,如图 5－75 所示。

> 【注意】筛选数据表和对数组添加元素操作,记得修改书店名称为"博达书店",
> 并去掉 resultArray 变量赋空值的步骤。

图 5-75　博达书店数据汇总

　　同理,筛选出"鼎盛书店"的数据,并累加计算销售数量和销售金额,如图 5-76所示。

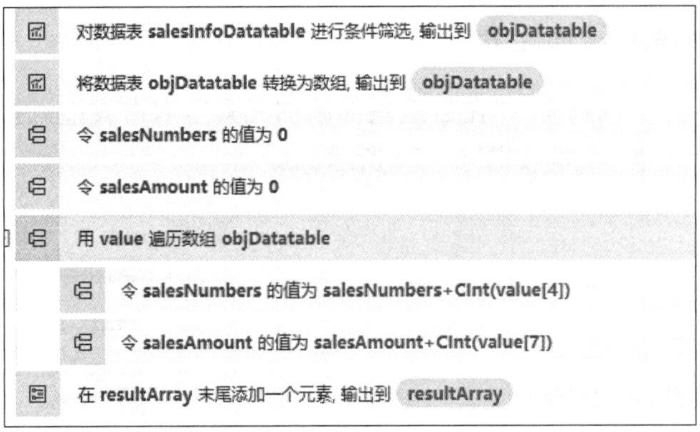

图 5-76　鼎盛书店数据汇总

　　【注意】筛选数据表和对数组添加元素操作,记得修改书店名称为"鼎盛书店",并去掉"resultArray"变量赋空值的步骤。

五、结果排序

(一) 构建数据表

　　将结果数组转换为数据表,以方便对数据进行排序。

　　页面左侧命令区中找到命令"构建数据表",双击或拖入执行区,放置在"在数组尾部添加元素"之后,如图 5-77 所示。

图 5 - 77　构建数据表

页面右侧属性栏中,在"输出到"项目中输入变量"resultDataTable",代表结果数组转为的数据表。在"构建数据"项目中输入结果数组"resultArray";在"表格列头"项目中输入数据表列头"["书店名称","销售总量","销售金额"]"。

(二) 数据表排序

页面左侧命令区中找到命令"数据表排序",双击或拖入执行区,放置在"构建数据表"之后,如图 5 - 78 所示。

图 5 - 78　数据表排序

页面右侧属性栏中,在"输出到"项目中输入"resultDatatable";将"源数据表"项目切换为"专业模式",输入"resultDatatable";在"排序列"项目中输入"销售金额";将"升序排序"改为"否"。

(三) 转换为数组

页面左侧命令区中找到命令"转换为数组",双击或拖入执行区,放置在"数据表排序"之后,如图 5 - 79 所示。

页面右侧属性栏中,在"输出到"项目中,输入变量"resultArray";将"源数据表"项目切换为"专业模式",输入"resultDatatable";"包含表头"项目选择"是"。

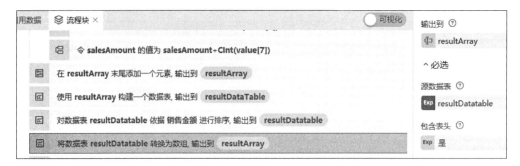

图 5‑79　转换为数组

(四) 写入区域

页面左侧命令区中找到命令"写入区域",双击或拖入执行区,放置在"转换为数组"之后,如图 5‑80 所示。

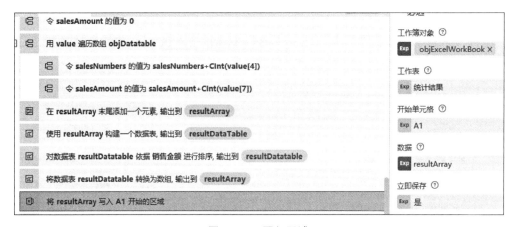

图 5‑80　写入区域

页面右侧属性栏中,在"工作表"项目中输入"统计结果";将"数据"项目切换为"专业模式",填写变量"resultArray";在"开始单元格"项目中输入"A1";"立即保存"项目选择"是"。

(五) 关闭 Excel 工作簿

页面左侧命令区中找到命令"关闭 Excel 工作簿",双击或拖入执行区,放置在"写入区域"之后。程序将会自动将表格保存并关闭,如图 5‑81 所示。

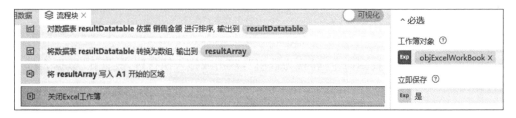

图 5‑81　关闭 Excel 工作簿

扩充知识

本任务中,多次用到数据表和数组以及数据表和数组的相互转换。这两种方式都是在处理 Excel 表格数据时常用的命令,其包含的操作命令如图 5 - 82 所示。

▼ 数据表	◇ 比较数据表		▼ 数组	◇ 截取数组
◇ 构建数据表	◇ 增加列		◇ 在数组头部添加元素	◇ 合并数组
◇ 数据切片	◇ 转换列类型		◇ 在数组尾部添加元素	◇ 过滤数组数据
◇ 数据筛选	◇ 修改列名		◇ 删除并返回第一个元素	◇ 将数组合并为字符串
◇ 选择数据列	◇ 获取行列数		◇ 删除并返回最后元素	◇ 获取数组最大下标
◇ 数据表去重	◇ 获取数据表列名		◇ 插入元素	◇ 创建多维数组
◇ 转换为数组	◇ 数据表排序			
◇ 复制到剪贴板	◇ 合并数据表			

图 5 - 82　数据表和数组命令

实际开发中,什么时候将数组构建为数据表或者将数据表转换为数组,主要依据要进行的实际操作。例如,当需要进行数据筛选、排序等操作时,则需要构建数据表。再如,当添加、删除操作时,则需要将数据表转换为数组。

合并数据表命令是将两个数据表按照指定的连接方式合并,合并方式主要有外连接、内连接、左连接、右连接的模式。连接时,要指定关联字段,一般是两个表共同的字段。在项目三中,学习了数据表合并的"内连接"。本项目中,将通过举例说明不同连接模式的效果。

已知"员工信息表"和"员工工资表"数据分别如表 5 - 3 和表 5 - 4 所示。两个表通过"工号"列关联。

表 5 - 3　员 工 信 息 表

工　　号	姓　　名
1001	张 A
1002	钱 B
1004	孙 C

表 5 - 4　员 工 工 资 表

工　　号	实发工资(元)
1001	5 600
1002	3 899
1003	4 580

(1)内连接,显示两个表关联字段相等的记录进行连接,"员工信息表"内连接"员工工资表",结果如表 5 - 5 所示。

合并数据表

表 5-5　内 连 接 结 果		
工　号	姓　名	实发工资(元)
1001	张 A	5 600
1002	钱 B	3 899

表 5-6　左 连 接 结 果		
工　号	姓　名	实发工资(元)
1001	张 A	5 600
1002	钱 B	3 899
1004	孙 C	NaN

（2）左连接，会将左表作为基准表，显示全部记录，右表关联列和左表相同的合并，不同的删除，没有的显示为"NaN"，"员工信息表"左连接"员工工资表"，结果如表 5-6 所示。

（3）右连接：会将右表作为基准表，显示全部记录，左表关联列和右表相同的合并，不同的删除，没有的显示为"NaN"。"员工信息表"右连接"员工工资表"结果如表 5-7 所示。

表 5-7　右 连 接 结 果		
工　号	姓　名	实发工资(元)
1001	张 A	5 600
1002	钱 B	3 899
1003	NaN	4 580

表 5-8　外 连 接 结 果		
工　号	姓　名	实发工资(元)
1001	张 A	5 600
1002	钱 B	3 899
1003	NaN	4 580
1004	孙 C	NaN

（4）外连接，外连接会将左右两张表合并，数据都全部显示，没有的数据以"NaN"显示。"员工信息表"外连接"员工工资表"结果如表 5-8 所示。

思考拓展

1. 使用"自动填充"活动完成对工作簿《第二季度销售数据》的数据填充。
2. 优化对各个书店数据进行筛选的环节。

项目小结

本项目一共包含开发银行对账机器人和开发数据报告生成机器人两个任务，主要展示了 UiBot 处理 Excel 表格数据的方法，特别是数据表控件和数组控件。在操作过程中，结合循环和判断等逻辑控制语句，我们能够使用自动化流程实现表间数据核对及 Excel

表格数据统计分析。

【习题5-1】　公司每月都要进行工资核算工作,公司人力资源部提供本月员工考核信息及员工薪资标准数据"薪资基础信息.xlsx",请设计自动化机器人完成工资明细计算并统计每个部门员工实发工资平均值。

知行合一

在某银行的对账业务中,小明作为负责对账的员工,每天都要处理大量的企业和个人流水数据。在处理这些敏感数据时,他深知数据安全与隐私保护的重要性,因为这直接关系到客户的隐私权益和银行的信誉,如果数据泄露或滥用,将给客户带来严重的损失,也可能对整个金融体系造成不良影响。因此,小明在处理对账业务时,采取了一系列措施来确保客户数据的安全。

(1) 访问权限控制。小明在系统中设置了严格的访问权限,仅授权给有需要的人员访问相应的数据,避免未授权人员的随意查看。

(2) 加密技术。对于敏感数据,小明采用了先进的加密技术,确保在数据传输和存储过程中,即使被非法获取,也难以解密。

(3) 定期安全审查。小明定期对系统进行安全审查,检查是否存在潜在的安全隐患,及时修复漏洞,保障数据的安全性。

(4) 员工培训。小明通过定期的培训课程,向团队成员强调数据安全和隐私保护的重要性,提高员工的数据安全意识。

(5) 数据脱敏处理。在一些非必要的情况下,小明采取了数据脱敏处理的方法,即对数据中的关键信息进行模糊化处理,以减少敏感信息的泄露风险。

点评:大数据时代,人们的生产活动、生活活动都与数据的产生与流通有着密切的关联。尤其是在进行数据核对、统计工作时,更需要注重数据的保护与流通安全性。

项目六

财报邮件汇总与工资单发送机器人运用

电子邮件作为企业间业务往来沟通经常使用的通信手段，具有便捷、安全、强时效性等特征。企业间的往来合同、企业内的人事通知、工资发放通知等信息往往通过电子邮件的方式进行发送。财务人员日常办公中更是常用电子邮箱查收整理、电子邮件群发等。掌握 UiBot 邮箱自动化操作能够帮助财务人员节省时间、提升办公效率。本项目将展示如何使用 UiBot 机器人搭建自动化操作流程，完成财报邮件自动汇总与工资单邮件自动发送业务。

知识目标

1. 掌握如何使用 UiBot 调用电子邮箱。
2. 掌握如何分拆 Excel 表格。
3. 掌握如何使用 UiBot 下载并管理邮件附件。

技能目标

1. 能够使用 UiBot 获取邮箱中的邮件信息。
2. 能够设计邮件群发自动化流程。

素养目标

1. 通过邮箱基础知识的学习,养成灵活思变、创新善变的思维模式。
2. 通过工资单发送机器人的搭建,养成先思考、后实践的习惯。

思维导图

项目六思维导图如图 6-1 所示。

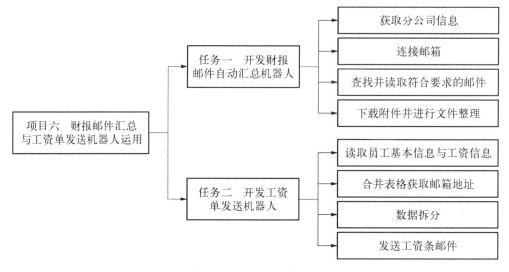

图 6-1 项目六思维导图

任务一　开发财报邮件自动汇总机器人

任务场景

通过电子邮件进行文件、文档收集，不管是在公司还是学校都是一种很常用的手段。当所有成员将带有附件的邮件发送至指定邮箱后，大量附件的下载以及下载后如何归档处理，对于管理员来说是一个很棘手的问题。小也任职的 JM 集团有多家分公司，每月月末，各个分公司的财务部会将该分公司当月的财务报表文件通过电子邮箱发送给他，小也需要将这些分公司的财报进行收集与整理，便于后续统计汇总使用。操作时，小也需要将所有符合条件的邮件（邮件发送人为 JM 集团分公司、发送时间为某月）中的附件按照要求命名（"分公司名＋月份＋附件名称"），并存放至指定文件夹当中。JM 集团所有分公司信息存放在 Excel 表格中，如图 6-2 所示。

	A	B	C
1	分公司名称	地址	成立日期
2	JM浦东分公司	上海市浦东区临川路25号	2001
3	JM东城八号分公司	北京市东城区八号胡同131号	2005
4	JM龙子湖分公司	河南省郑州市金水区龙子湖北路58号	2007
5	JM碑林分公司	陕西省西安市碑林区骡马市315号	2010
6	JM永安分公司	河南省郑州市二七区永安街100号	2003
7	JM紫荆山分公司	河南省郑州市管城区紫荆山路137号	2019
8	JM经七分公司	河南省郑州市金水区经七路18号	2012
9	JM东城六号分公司	北京市东城区六号胡同37号	2008
10	JM文星分公司	江苏省苏州市高教区文星广场371号	2016
11	JM文汇分公司	江苏省苏州市高教区文汇广场121号	2006
12	JM文化分公司	河南省郑州市金水区文化路317号	2009
13	JM花园分公司	河南省郑州市金水区花园路337号	2021

图 6-2　JM 集团分公司信息

任务准备

一、任务分析

开始流程制作前，首先需要对整个任务进行任务点拆分以保证 UiBot 机器人能够运行成功。在本案例中，整个流程可以表述为：

（1）打开 JM 集团分公司信息表获取所有分公司信息。

（2）从邮箱中找到发件人为各个分公司的电子邮件并下载指定附件。

（3）把附件名称更改为"分公司名＋月份＋附件名称"，并且移动到指定文件夹。

二、流程图/步骤分解

任务流程图如图 6-3 所示，任务步骤分解表如表 6-1 所示。

图 6-3   任务流程图

表 6-1   任务步骤分解表

步　　骤	命　　令
步骤一：获取分公司信息	（1）打开 Excel 工作簿 （2）获取行数 （3）读取区域 （4）关闭 Excel 工作簿
步骤二：连接邮箱	（1）进行邮箱设置 （2）进行邮箱连接 （3）获取邮件列表
步骤三：查找并读取符合要求的邮件	（1）依次读取数组中每个元素——遍历邮件数组 （2）依次读取数组中每个元素——遍历邮件信息 （3）如果条件成立 （4）字符串转换为时间 （5）格式化时间 （6）如果条件成立
步骤四：下载附件并进行文件整理	（1）下载附件 （2）重命名 （3）移动文件 （4）断开邮箱连接

一、获取分公司信息

（一）打开 Excel 工作簿

页面左侧命令区中找到命令"打开 Excel 工作簿"，双击或拖入执行区，如图 6-4 所示。

图6-4　打开Excel工作簿

页面右侧属性栏中,"输出到"框使用默认值"objExcelWorkBook";"文件路径"框点击"文件夹"图标,选择需要打开的Excel工作簿,即"JM集团分公司信息.xlsx"工作簿;"打开方式"框根据所使用的电脑上安装的软件选择Excel或WPS。

(二) 获取行数

页面左侧命令区中找到命令"获取行数",双击或拖入执行区,放置在"打开Excel工作簿"之后,如图6-5所示。

图6-5　获取行数

页面右侧属性栏中,"输出到"框使用默认变量名"iRet"储存工作表的总行数;"工作簿对象"框选择"objExcelWorkBook";"工作表"框为记录分公司信息的工作表名称"Sheet1"。

(三) 读取区域

页面左侧命令区中找到命令"读取区域",双击或拖入执行区,放置在"获取行数"之后,如图6-6所示。

页面右侧属性栏中,"输出到"框设置数组变量"SName"用来储存读取到的数据;"工作簿对象"框填写"objExcelWorkBook";"工作表"框默认为"Sheet1";"区域"框先选择"专业模式",然后填写""A2：A"&iRet",获取A列从"A2"单元格开始的全部数据,即所有分公司的公司名称信息。

图 6‑6 读取区域

(四) 关闭 Excel 工作簿

至此已经获取了所需的分公司名称数组,可以关闭"JM 集团分公司信息.xlsx"文件。在页面左侧命令区中找到命令"关闭 Excel 工作簿",双击或拖入执行区,放置在"读取区域"之后,如图 6‑7 所示。

图 6‑7 关闭 Excel 工作簿

二、连接邮箱

(一) 进行邮箱设置

在连接邮箱之前需要做一些准备工作,本案例以"QQ 邮箱"为例。

(1) 进入邮箱设置页面,如图 6‑8 所示。

(2) 点击"账户设置",如图 6‑9 所示。

(3) 开启邮箱使用协议,为后续 UiBot 连接到邮箱作准备,如图 6‑10 所示。

(4) 按照页面提示用手机发送信息,如图 6‑11 所示。

(5) 发送成功后就会显示开启成功,并显示授权码。将授权码进行保存,如图 6‑12 所示。

图 6-8　进入邮箱设置页面

图 6-9　点击"账户设置"

图 6-10　开启邮箱使用协议

图 6‑11　发送信息

图 6‑12　获取授权码

(二) 进行邮箱连接

页面左侧命令区中找到命令"连接邮箱",双击或拖入执行区,放置在"关闭 Excel 工作簿"之后,这里以 IMAP 服务器为例,如图 6‑13 所示。

页面右侧属性栏中,"服务器地址"框设置为"imap.qq.com";"登录账号"框填写自己的 QQ 邮箱账号;"登录密码"框填写图 6‑12 中保存的授权码;"服务器端口"默认为"143";"SSl 加密"选择"是";"邮箱地址"框填写 QQ 邮箱账号。

(三) 获取邮件列表

页面左侧命令区中找到命令"获取收件箱邮件列表",双击或拖入执行区,放置在"连接邮箱"之后,如图 6‑14 所示。

图 6－13 连接邮箱

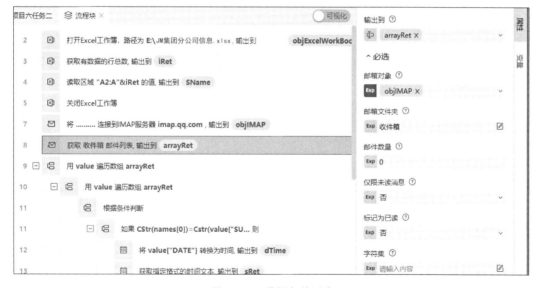

图 6－14 获取邮件列表

页面右侧属性栏中,"输出到"框可以使用默认变量"arrayRet";"邮箱对象"框需在"专业模式"下选择"objIMAP";"邮箱文件夹"为需要读取的邮箱文件夹,即"收件箱";"邮件数量"为读取的邮箱数量,按需要填写,这里可以使用"0"表示读取收件箱中全部邮件。

获取到的邮箱信息列表如图 6－15 所示,其中:"DATE"表示"发送时间","SUBJECT"表示"发件人"。

```
输出
[2022-8-19 11:55:12] [INFO] 选中的内容 第6行: {
    "Attachments" :
    [
        "eula.1028.txt"
    ],
    "BCC" : "",
    "Body" : "<meta http-equiv=\"Content-Type\" content=\"text/html; charset=GB18030\"><div><br></div>",
    "BodyEncoding" : "gb18030",
    "CC" : "",
    "DATE" : "2022-08-03 14:46:08",
    "FROM" :                          @qq.com>",
    "Folder" : "收件箱",
    "IsBodyHtml" : true,
    "SENDER" : "",
    "SUBJECT" : "冯嘚嘚",
    "To" :                          @qq.com>",
    "UID" : "125"
}
```

图 6 - 15　邮件信息列表

三、查找并读取符合要求的邮件

(一) 依次读取数组中每个元素——遍历邮件数组

页面左侧命令区中找到命令"依次读取数组中每个元素",双击或拖入执行区,放置在"获取邮件列表"之后,如图 6 - 16 所示。

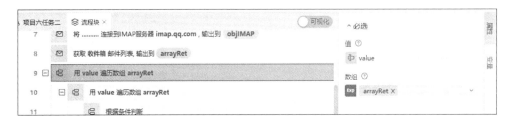

图 6 - 16　依次读取数组中每个元素

页面右侧属性栏中,"值"框中填写"value";"数组"框选择"专业模式"后填写上一步骤中获取到的邮件列表"arrayRet"。

(二) 依次读取数组中每个元素——遍历邮件信息

页面左侧命令区中再次找到命令"依次读取数组中每个元素",双击或拖入执行区,放置在"依次读取数组中每个元素"内部,如图 6 - 17 所示。

图 6 - 17　依次读取数组中每个元素

页面右侧属性栏中,"值"使用变量"names";"数组"框选择"专业模式"后填写之前从表格中获取的分公司名称数组"SName"。

(三) 如果条件成立

页面左侧命令区中找到命令"如果条件成立",双击或拖入执行区,放置在"依次读取数组中每个元素"内部,如图 6‑18 所示。

图 6‑18 如果条件成立

页面右侧属性栏中,"判断表达式"框填入"CStr(names[0])= Cstr(value["SUBJECT"])"。"value["SUBJECT"]"表示当前邮件的发件人,"CStr()"则表示把数据转换为字符串类型;整个表达式的内容为判断"分公司信息表中的公司名称"与"当前邮件中的发件人"是否一致。

> 【注意】使用"读取区域"读取分公司名称列时,数组变量"SName"当中的内容为二维数组,而"names"变量中的元素为一维数组,因此需要使用"names[0]"来表示"公司名称",尽管"names"数组中只有一个元素。

(四) 字符串转换为时间

页面左侧命令区中找到命令"字符串转换为时间",双击或拖入执行区,放置在"如果条件成立"内部,如图 6‑19 所示。

图 6‑19 字符串转换为时间

页面右侧属性栏中,"输出到"框使用默认变量"dTime";"时间文本"框填写"value["DATE"]";"时间文本格式"框输入"yyyy-mm-dd"。本步骤将当前邮件的发送时间由字符串形式的数据转换为时间数据进行储存。

（五）格式化时间

页面左侧命令区中找到命令"格式化时间"，双击或拖入执行区，放置在"字符串转换为时间"之后，如图6-20所示。

图6-20　格式化时间

页面右侧属性栏中，"时间"框填写"dTime"；"格式"框填写"mm"，即获取时间数据中的月份信息，并转换为字符串。

（六）如果条件成立

页面左侧命令区中找到命令"如果条件成立"，双击或拖入执行区，放置在"格式化时间"之后，如图6-21所示。

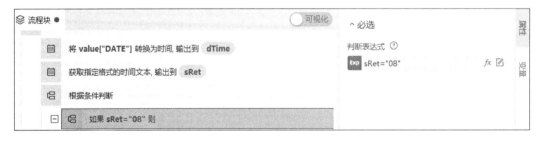

图6-21　如果条件成立

页面右侧属性栏中，"判断表达式"框填入"sRet＝"08""，用来判断从上一步骤中获取到的邮件发送时间是否为"八月"。

> 【注意】这里我们以8月为例，实际操作中可以根据需要进行月份设定。

四、下载附件并进行文件整理

（一）下载附件

页面左侧命令区中找到命令"下载附件"，双击或拖入执行区，放置在"如果条件成立"

内部,如果上方条件成立就进行附件的下载,如图6-22所示。

图6-22 下载附件

页面右侧属性栏中,"邮箱对象"框为"objIMAP";"邮件对象"框为"value";"储存路径"为下载文档存储的文件夹路径,可以自行选择。

(二)重命名

页面左侧命令区中找到命令"重命名",双击或拖入执行区,放置在"下载附件"之后,如图6-23所示。

图6-23 重命名

页面右侧属性栏中,"路径"框选择"专业模式"后填写上一步骤使用过的存储路径加上"&value["Attachments"][0]";"名称重命名为"框选择"专业模式"后填写"CStr(value["Subject"])&sRet&value["Attachments"][0]",即修改下载后的附件名称为"分公司名称+月份+附件名称"的形式。

(三)移动文件

页面左侧命令区中找到命令"移动文件",双击或拖入执行区,放置在"重命名"之后,如图 6 - 24 所示。

图 6‑24　移动文件

页面右侧属性栏中，"文件路径"与上一步相同；"移动到路径"框在"专业模式"下填写存储路径加上"&CStr(value["Subject"])&sRet&value["Attachments"][0]"。

（四）断开邮箱连接

页面左侧命令区中找到命令"断开邮箱连接"，双击或拖入执行区，放置在"移动文件"之后，如图 6 - 25 所示。

图 6‑25　断开邮箱连接

页面右侧属性栏中，填入连接邮箱的对象，即在流程一开始打开的邮箱对象"objIMAP"。一般情况下使用邮箱功能之后都需要断开邮箱连接。

邮箱自动化
控件讲解

 思考拓展

如何把所有发送了邮件的分公司名单统计出来？

知识准备

本章节任务中，主要用到了一类新的自动化控件——邮箱自动化控件。在 UiBot 左

侧命令区的网络大类下方,可以找到网络邮箱相关的控件使用的服务器类型有 SMTP/POP 以及 IMAP 两类,如图 6-26 所示。每种服务器下方的命令较为相似但有一些差别。接下来,我们来依次了解一些常用命令。

一、邮箱控件集合

在 UiBot 左侧命令区的网络大类下方,可以找到网络邮箱相关的控件使用的服务器类型有 SMTP/POP 和 IMAP 两类,如图 6-26 所示。每种服务器下方的命令较为相似但有一些差别。以下依次介绍一些常用命令。

图 6-26 网络邮箱命令

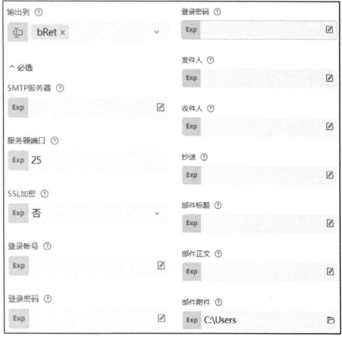

图 6-27 网络邮箱命令

(一) 发送邮件

"发送邮件"命令只在 SMTP 服务器相关集合中出现,命令有 12 个属性栏目,如图 6-27

所示。"SMTP 服务器"框一般书写为"smtp.xx.com",如"smtp.qq.com";"服务器端口"和"SSL 加密"框一般使用默认设置,无须更改;"登录账号"设置登录邮箱需使用的账号;"登录密码"为邮箱的授权码,获取方式参见"项目六　任务一"中的操作步骤;"发件人"设置为发送邮件使用的邮箱号;"收件人"为邮件收件人的邮箱账号;"抄送""邮件标题""邮件正文""邮件附件"依据需要进行设置填写。

(二) 连接邮箱

"连接邮箱"命令使用指定服务器连接上指定邮箱,命令返回一个邮箱对象,后续获取邮件列表、删除邮件、下载附件等命令,都要使用这个邮箱对象。属性栏目与"发送邮件"命令类似,具体的属性设置参考如图 6-28 所示。

图 6-28　连接邮箱

(三) 获取邮件列表(IMAP)

使用"获取邮件列表"操作可以将邮箱中的邮件内容进行读取,便于进行邮件分类与整理,命令的属性栏如图 6-29 所示。获取到的内容以数组的形式进行输出,命令详细的使用方式已经通过"项目六　任务一"有所了解。

图 6-29　获取邮件列表

任务二　开发工资单发送机器人

给不同的成员发送不同内容邮件,是一项经常会进行的工作。小也作为某企业的财务人员,需要按照企业的财务要求,将每个人的工资单使用邮箱分别进行发送。每位员工在入职之初都确定了各自接收通知及资料的邮箱地址,保存在"员工信息.xlsx"工作簿内,如图 6-30 所示。每月月末,当月的员工工资情况都记录在统一的表格当中,如图 6-31所示。小也需要将每个员工的工资信息筛选出来,单独发送至其所登记的邮箱中。由于

	A	B	C	D	E	F
1	工号	姓名	性别	年龄	邮箱地址	所属部门
2	1001	李小花	女	25	888@163.com	研发部
3	1002	刘小丽	女	35	777@163.com	财务部
4	1003	张小雨	男	41	666@163.com	后勤处
5	1004	陈小飞	男	27	555@163.com	销售部
6	1005	吴小燕	女	37	999@163.com	售后中心
7						
8						

图 6-30　员工信息

此过程需要将所有员工的工资单逐一发送,且每个月都要进行同样的工作,所以小也决定使用 UiBot 开发相应的自动化流程,方便今后每月开展此项工作。

	A	B	C	D	E
1	工号	姓名	基本工资(元)	奖金(元)	合计(元)
2	1001	李小花	2 000	10 000	12 000
3	1002	刘小丽	3 000	8 000	11 000
4	1003	张小雨	2 000	9 000	11 000
5	1004	陈小飞	3 000	5 000	8 000
6	1005	吴小燕	3 000	6 000	9 000
7					

图 6-31   工资单

 任务准备

一、任务分析

开始制作前,首先需要对整个任务进行任务点拆分,以保证 UiBot 机器人能够运行成功。在本案例中,整个流程可以表述为:

(1)读取员工基本信息与工资单。

(2)进行表格合并,获取所有员工的邮箱。

(3)将所有员工的工资数据进行拆分,制作个人工资单。

(4)按照顺序发送工资条邮件。

二、流程图/步骤分解

任务流程图如图 6-32 所示,任务步骤分解表如表 6-2 所示。

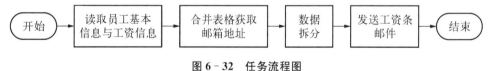

图 6-32   任务流程图

表 6-2   任务步骤分解表

步　　骤	命　　令
步骤一:读取员工基本信息与工资信息	(1)打开 Excel 工作簿 (2)读取区域 (3)关闭 Excel 工作簿 (4)打开 Excel 工作簿 (5)读取区域 (6)关闭 Excel 工作簿

步　　骤	命　　令
步骤二：合并表格获取邮箱地址	（1）构建数据表 （2）构建数据表 （3）合并数据表 （4）转换为数组
步骤三：数据拆分	（1）依次读取数组中每个元素 （2）打开 Excel 工作簿 （3）写入行 （4）写入行 （5）关闭 Excel 工作簿
步骤四：发送工资条邮件	发送邮件

任务实施

一、读取员工基本信息与工资信息

（一）打开 Excel 工作簿

页面左侧命令区中找到命令"打开 Excel 工作簿"，双击或拖入执行区，如图 6-33
所示。

图 6-33　打开 Excel 工作簿命令

页面右侧属性栏中，文件路径选择"员工信息.xlsx"工作簿的储存路径。

（二）读取区域

页面左侧命令区中找到命令"读取区域"，双击或拖入执行区，放置在"打开 Excel 工
作簿"之后，如图 6-34 所示。

页面右侧属性栏中，"工作簿对象"为变量"objExcelWorkBook"；"输出到"结果变量
"员工信息数组"中；"读取区域"范围是"A2：F6"，即所有员工信息。

图 6-34　读取区域

(三) 关闭 Excel 工作簿

页面左侧命令区中找到命令"关闭 Excel 工作簿",双击或拖入执行区,放置在"读取区域"之后,如图 6-35 所示。

图 6-35　关闭 Excel 工作簿

(四) 打开 Excel 工作簿

页面左侧命令区中找到命令"打开 Excel 工作簿",双击或拖入执行区,放置在"关闭 Excel 工作簿"之后,如图 6-36 所示。

图 6-36　打开 Excel 工作簿

页面右侧属性栏中,"文件路径"框选择"工资单.xlsx"工作簿的储存路径。

（五）读取区域

页面左侧命令区中找到命令"读取区域",双击或拖入执行区,放置在"打开 Excel 工作簿"之后,如图 6 - 37 所示。

图 6 - 37 读取区域

页面右侧属性栏中,"工作簿对象"为变量"objExcelWorkBook";"输出到"框设置数组变量"工资单数组";"工作表"为"Sheet1";"读取区域"范围是"A2：E6",即工资单中的所有数据信息。

（六）关闭 Excel 工作簿

页面左侧命令区中找到命令"关闭 Excel 工作簿",双击或拖入执行区,放置在"读取区域"之后,如图 6 - 38 所示。

图 6 - 38 关闭 Excel 工作簿

二、合并表格获取邮箱地址

（一）构建数据表

页面左侧命令区中找到命令"构建数据表",双击或拖入执行区,放置在"关闭 Excel 工作簿"之后,如图 6 - 39 所示。

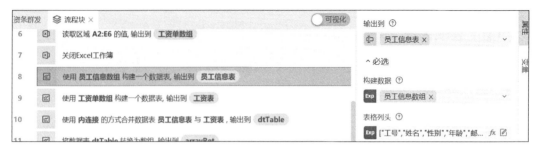

图 6 - 39　构建数据表

页面右侧属性栏中,"输出到"框创建变量"员工信息表";"构建数据"框在"专业模式"下选择"员工信息数组";"表格列头"设置为员工信息表格的表头"["工号","姓名","性别","年龄","邮箱地址","所属部门"]"。

(二) 构建数据表

页面左侧命令区域中找到命令"构建数据表",双击或拖入执行区,放置在"构建数据表"之后,如图 6 - 40 所示。

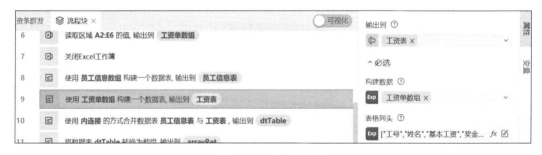

图 6 - 40　构建数据表

页面右侧属性栏中,"输出到"框创建变量"工资表";"构建数据"框在"专业模式"下选择"工资单数组";"表格列头"设置为工资单表格的表头"["工号","姓名","基本工资","奖金","合计"]"。

(二) 合并数据表

页面左侧命令区域中找到命令"合并数据表",双击或拖入执行区,放置在"构建数据表"之后,如图 6 - 41 所示。

页面右侧属性栏中,"输出到"框设置变量"dtTable";"左表"框在"专业模式"下选择"员工信息表";"右表"框在"专业模式"下选择"工资表";"连接方式"框选择"内连接";"左表列"和"右表列"在"专业模式"下设置数组"["工号","姓名"]",表示依据"工号"和"姓名"两列的内容进行表格合并。合并后的数据表中包含员工的基本信息和工资信息,如图 6 - 42 所示。

图 6-41　合并数据表

	工号	姓名	性别	年龄	邮箱地址	所属部门	基本工资	奖金	合计
0	1001	李小花	女	25	888@163.com	研发部	2000	10000	12000
1	1002	刘小丽	女	35	777@163.com	财务部	3000	8000	11000
2	1003	张小雨	男	41	666@163.com	后勤部	2000	9000	11000
3	1004	陈小飞	男	27	555@163.com	销售部	3000	5000	8000
4	1005	吴小燕	女	37	999@163.com	售后中心	3000	6000	9000

图 6-42　合并后的数据表

【注意】这里使用"工号"和"姓名"两列作为表格合并的依据列，以防出现同名员工或工号登记错误导致出现差错。

(四) 转换为数组

页面左侧命令区中找到命令"转换为数组"，双击或拖入执行区，放置在"合并数据表"之后，如图 6-43 所示。

图 6-43　转换为数组

页面右侧属性栏中，"输出到"框选择变量"arrayRet"；"源数据表"框在"专业模式"下选择"dtTable"；"包含表头"框选择"否"。

三、数据拆分

（一）依次读取数组中每个元素

页面左侧命令区中找到命令"依次读取数组中每个元素"，双击或拖入执行区，如图6-44所示。

图6-44　依次读取数组中每个元素

页面右侧属性栏中，"数组"框在"专业模式下"选择"arrayRet"。

（二）打开Excel工作簿

页面左侧命令区中找到命令"打开Excel工作簿"，双击或拖入执行区，放置在"依次读取数组中每个元素"内部，如图6-45所示。

图6-45　打开Excel工作簿

页面右侧属性栏中，"文件路径"框在专业模式下输入"('''：\Users\…'''&value[1]&'''工资单.xlsx''')"，"…"表示文件路径，这一步在指定的路径下创建以"员工姓名工资单.xlsx"命名的工作簿。

（三）从单元格A1写入一行数据

页面左侧命令区中找到命令"写入行"，双击或拖入执行区，放置在"打开Excel工作簿"之后，如图6-46所示。

页面右侧属性栏中，"单元格"框填写"A1"；"数据"框在"专业模式"下填写"["工号"，"姓名"，"性别"，"年龄"，"邮箱地址"，"所属部门"，"基本工资"，"奖金"，"合计"]"。

图 6-46 写入行

(四) 从单元格 A2 写入一行数据

页面左侧命令区中找到命令"写入行",双击或拖入执行区,放置在"写入行"之后,如图 6-47 所示。

图 6-47 写入行

页面右侧属性栏中,"单元格"框填写"A2";"数据"框在"专业模式"下填写变量"value"。

(五) 关闭 Excel 工作簿

页面左侧命令区中找到命令"关闭 Excel 工作簿",双击或拖入执行区,放置在"写入行"之后,如图 6-48 所示。

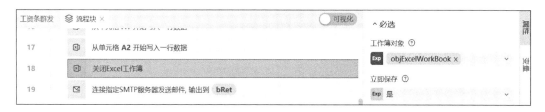

图 6-48 关闭 Excel 工作簿

四、发送工资条邮件

(一) 发送邮件

页面左侧命令区中找到命令"发送邮件(SMTP)",双击或拖入执行区,放置在"关闭Excel工作簿"之后,如图6-49所示。

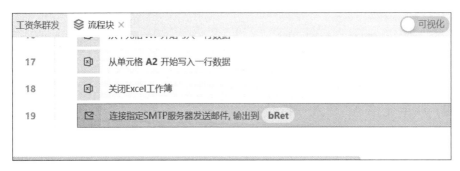

图 6‑49 发送邮件

页面右侧属性栏,如图6-50所示,其中,"SMTP服务器"框填写"smtp.qq.com";"登录账号"为发件箱的账号;"登录密码"为邮箱授权码;"发件人"为发件邮箱账号;"收件人"框在"专业模式"下填写"value[4]",即每个员工的邮箱账号;"邮件标题"框可自行设置,这里我们以"五月工资单发送"为例;"邮件正文"框可自行设置,这里我们以"请查收您五月的工资单,详情见附件"为例;"邮箱附件"框的填写与上一环节中"打开 Excel 工作簿"设置相同,将制作好的员工个人工资单工作簿当作附件发送。属性栏设置如图 6‑50所示。

工资条发送
机器人演示

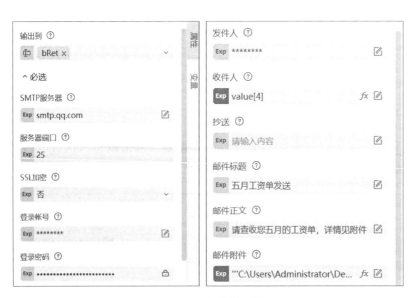

图 6‑50 属性栏设置

文件处理是日常工作中常用的功能,包括了文件的读、写、复制、移动、重命名、删除、查找、压缩、解压缩等基本操作。

通用的文件处理控件位置在 UiBot Creator 项目编辑界面左侧命令标签的通用文件控件中,包含了 24 个命令,如图 6-51 所示。本任务中,选择部分常用命令进行演示讲解。

图 6-51　文件处理控件

1. 获取名称

"获取名称"命令用于获取指定文件的名称,属性栏包括两个必选项,如图 6-52 所示。获取文件名称后,将文件名称保存到"sName"变量中,变量名称可更改,"路径"设置为需要获取的文件位置,"包含扩展名"选项可以选择是否包含文件的扩展名。

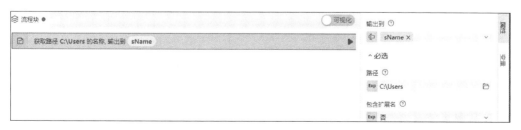

图 6-52　获取名称

2. 获取文件扩展名

"获取文件扩展名"命令用户获取指定文件的扩展名,如图 6-53 所示。页面右侧属性栏中,"路径"设置需要获取扩展名文件的位置,获得的扩展名保存在"sNameExtension"变量中,变量名称可更改。

图 6-53　获取文件扩展名

3. 移动文件和移动文件夹

"移动文件"命令和"移动文件夹"命令的功能相似,移动文件的操作对象是文件,移动文件夹的操作对象是文件夹,都是从一个位置移动到另一个位置,如图 6-54 所示。

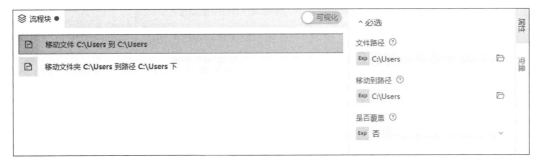

图 6-54　移动文件和移动文件夹

4. 重命名

"重命名"命令用于将指定文件进行重新命名,如图 6-55 所示。页面右侧属性栏中,"路径"框填写原文件地址;"名称重命名为"框需要填写完整的重命名文件路径。

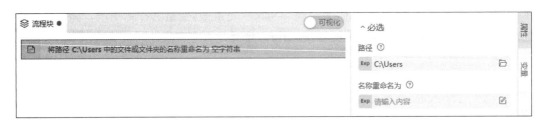

图 6-55　重命名

5. 获取文件或文件夹列表

"获取文件或文件夹列表"命令用于获取指定的文件夹中的文件列表或文件夹列表,

结果以数组形式返回,如图 6 - 56 所示。页面右侧属性栏中,"路径"框选择需要获取文件列表的文件夹地址;"列表内容"为需要获取的列表内容,可以选择"文件""文件夹""文件和文件夹"。

图 6 - 56 获取文件或文件夹列表

6. 解压 zip 文件

"解压 zip 文件"命令可以将压缩文件进行解压缩,默认可选的文件为"＊.zip"或者"＊.7z"类型,也可以对"＊.rar"格式的压缩包执行解压缩,如图 6 - 57 所示。页面右侧属性栏中,"压缩包路径"填写需要进行解压缩的压缩文件路径;"解压至"框可自行填写或选择相应的文件夹。如果压缩文件有解压缩密码,需要设置"解压密码"框。

图 6 - 57 解压 zip 文件

思考拓展

怎么判断邮件是否发送成功?

项目小结

本项目一共包含两个任务,分别演示了如何使用 UiBot 搭建邮件群发及整理自动化流程。在电子"员工"的帮助下,我们使用自动化流程完成了繁琐、重复、低技术含量但易错的消息群发与整理工作。同学们可以参考项目的设计,试着将流程应用于其他的网络邮箱(如网易 163 邮箱等)或通信软件(如微信、QQ 等),搭建更多的自动化办公机器人。

课后习题

【习题 6-1】 请设计 UiBot 程序获取电子邮箱"垃圾箱"文件夹中所有邮件的发件人,以便检查是否有归类错误的重要邮件。

知行合一

在一家中小型企业,财务部门一直面临着繁琐的任务。为了提升工作效率,公司决定引入 RPA 技术,设计一个自动化流程。公司的财务主管小张对此负有重要职责。在了解了 RPA 技术的功能和应用场景后,小张首先调整了传统的工作思维。他认识到过去依赖人工处理的方式效率低下,容易出现疏漏,而引入 RPA 技术可以改变这种状况。他明白自动化流程不仅可以提高效率,还能减少人为错误,确保财务数据的准确性。在此基础上,小张积极学习 RPA 技术,设计了一个自动化流程,这个流程能够自动识别、整理、分类财务文件,并在指定时间自动发送工资单邮件。这一自动化流程不仅提高了工作效率,还确保了流程的规范和一致性。在项目落地开始运作后,小张强调 RPA 技术与人工应协同作业。虽然自动化流程可以处理大部分繁琐任务,但仍需要人工监督、审查和处理一些特殊情况。

点评:通过转变思维、协同创新,可以达到了提高工作效率的目的。

项目七

票据审核与工资信息查询机器人运用

本项目通过开发票据审核机器人和开发工资信息查询机器人两个任务案例展示 UiBot 机器人在财务自动化办公流程中的优势。在这两个案例的基础上，可以组合出更多的自动化流程来帮助我们更便捷地处理日常财务工作。

 **知识目标**

1. 掌握如何使用正则表达式进行数据校验的方法。
2. 掌握判断结构识别关键字流程的设置方法。

技能目标

1. 能够完成票据审核自动化操作。
2. 能够掌握消息自动回复流程搭建方法。

素养目标

1. 通过票据审核机器人的搭建,强化规则意识,简化工作流程、降低容错率。
2. 通过工资信息自动查询机器人的搭建,培养对智能助手的兴趣,加快数字素养提升,为产业数字化转型做好准备。

思维导图

项目七思维导图如图 7-1 所示。

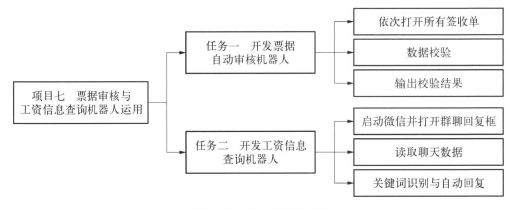

图 7-1 项目七思维导图

任务场景

建材公司的客户经常对签收单内的发货日期和货物金额这两项信息的不规范感到不满，从而进行投诉。为了增强客户体验，提高客户满意度，经公司商议后决定由小也来对每日的货物签收单进行校验审核工作。货物签收单模板如图7-2所示。其中，发货日期格式应为"YYYY-MM-DD"，货物金额栏内不得出现空格等特殊字符。错误签收单示例如图7-3所

<table>
<tr><td colspan="5" align="center">货物签收单</td></tr>
<tr><td>客户名称</td><td>XXXX 公司</td><td>发货日期</td><td colspan="2">YYYY-MM-DD</td></tr>
<tr><td>货物类型</td><td>XXX</td><td>货物金额(元)</td><td colspan="2">不包含非法字符</td></tr>
<tr><td>货物号码</td><td>XXXXXXXX</td><td>货物数量(件)</td><td colspan="2">数字</td></tr>
<tr><td>业务员</td><td>XX</td><td>签收人</td><td></td><td>签收日期</td></tr>
<tr><td colspan="5">备注:请在收到发票后认真核对，并在两个工作日内回传，若发现错误请及时与我公司联系，并在当月月底前退回重开。签收后两个工作日内未回传的，本公司不承担任何责任并视为发票无误，谢谢合作!</td></tr>
</table>

图7-2　货物签收单模版

<table>
<tr><th></th><th>A</th><th>B</th><th>C</th><th>D</th><th>E</th><th>F</th><th>G</th><th>H</th></tr>
<tr><td>1</td><td colspan="6" align="center">货物签收单</td><td></td><td></td></tr>
<tr><td>2</td><td>客户名称</td><td colspan="2">南阳公司</td><td>发货日期</td><td colspan="2">2022-06-02</td><td></td><td></td></tr>
<tr><td>3</td><td>货物类型</td><td colspan="2">建材</td><td>货物金额(元)</td><td colspan="2">40 000</td><td></td><td></td></tr>
<tr><td>4</td><td>货物号码</td><td colspan="2">02121315</td><td>货物数量(件)</td><td colspan="2">20</td><td></td><td></td></tr>
<tr><td>5</td><td>业务员</td><td>业一</td><td>签收人</td><td></td><td>签收日期</td><td></td><td></td><td></td></tr>
<tr><td>6
7
8</td><td colspan="6">备注:请在收到发票后认真核对，并在两个工作日内回传，若发现错误请及时与我公司联系，并在当月月底前退回重开;签收后两个工作日内未回传的，本公司不承担任何责任并视为发票无误，谢谢合作!</td><td></td><td></td></tr>
<tr><td>9</td><td></td><td></td><td></td><td></td><td></td><td></td><td></td><td></td></tr>
<tr><td>10</td><td></td><td></td><td></td><td></td><td></td><td></td><td></td><td></td></tr>
<tr><td>11</td><td></td><td></td><td></td><td></td><td></td><td></td><td></td><td></td></tr>
<tr><td>12</td><td></td><td></td><td></td><td></td><td></td><td></td><td></td><td></td></tr>
<tr><td>13</td><td></td><td></td><td></td><td></td><td></td><td></td><td></td><td></td></tr>
<tr><td>14</td><td></td><td></td><td></td><td></td><td></td><td></td><td></td><td></td></tr>
</table>

南阳货物签收单　郑州货物签收单　安阳货物签收单　北京货物签收单　上海货物签收单　⊕

就绪　辅助功能:调查

图7-3　错误签收单示例

示,该签收单货物金额出现了空格。对于不符合要求的数据,需要进行记录,并在交付客户前先通知公司的相关人员进行整改。由于公司规模较大,签收单数量较多,此项工作又为重复性工作,小也决定使用 UiBot 设计票据自动审核流程,以节约时间并减少审核失误。

 任 务 准 备

一、任务分析

开始流程制作前,首先需要对整个任务进行任务点拆分以保证 UiBot 机器人能够运行成功。在本案例中,整个流程可以表述为:

（1）依次打开每个货物签收单。

（2）对每个单据中的关键数据进行校验。

（3）输出校验结果。

二、流程图/步骤分解

任务流程图如图 7-4 所示,任务步骤分解表如表 7-1 所示。

图 7-4　任务流程图

表 7-1　任务步骤分解表

步　　　骤	命　　　令
步骤一：依次打开所有签收单	（1）打开 Excel 工作簿 （2）获取所有工作表名 （3）依次读取数组中每个元素
步骤二：数据校验	（1）变量赋值 （2）读取单元格 （3）正则表达式查找测试 （4）如果条件成立 （5）变量赋值 （6）读取单元格 （7）是否为数值 （8）如果条件成立 （9）变量赋值
步骤三：输出校验结果	（1）输出调试信息 （2）关闭 Excel 工作簿

任务实施

一、依次打开所有签收单

（一）打开 Excel 工作簿

页面左侧命令区中找到命令"打开 Excel 工作簿"，双击或拖入执行区，如图 7 - 5 所示。

图 7 - 5　打开 Excel 工作簿

页面右侧属性栏中，点击文件夹图标，选择需要打开的 Excel 工作簿，即"货物签收单"。打开方式根据所使用的电脑上安装的软件选择 Excel 或 WPS。

（二）获取所有工作表名

页面左侧命令区中找到命令"获取所有工作表名"，双击或拖入执行区，放置在"打开 Excel 工作簿"之后，如图 7 - 6 所示。

图 7 - 6　获取所有工作表名

页面右侧属性栏中，"输出到"框填写变量"arrayRet"，用于储存货物签收单工作簿内所有工作表名称。

(三) 依次读取数组中每个元素

页面左侧命令区中找到命令"依次读取数组中每个元素",双击或拖入执行区,放置在"获取所有工作表名"之后,如图 7-7 所示。

图 7-7　依次读取数组中每个元素

页面右侧属性栏中,"值"框输入"value";"数组"框在"专业模式"下输入"arrayRet"。

二、数据校验

(一) 变量赋值

页面左侧命令区中找到命令"变量赋值",双击或拖入执行区,放置在"依次读取数组中每个元素"内部,如图 7-8 所示。

图 7-8　变量赋值

页面右侧属性栏中,"变量名"框设置为"temp","变量值"框在专业模式下进行字符串拼接初始化设置,输入"value&": ""。

> **【注意】**"变量赋值"命令初始化输出显示结果变量,"&"为字符串连接符,拼接结果样例为"××货物签收单:"。

(二) 读取单元格

页面左侧命令区中找到命令"读取单元格",双击或拖入执行区,放置在"变量赋值"之后,如图 7-9 所示。

图 7 - 9　读取单元格

页面右侧属性栏中，"单元格"框设置为"E2"，"工作表"框在"专业模式"下输入"value"；"输出到"框使用默认变量"objRet"，这一步骤读取了发货日期。

(三) 正则表达式查找测试

页面左侧命令区中找到命令"正则表达式查找测试"，双击或拖入执行区，放置在"读取单元格"之后，如图 7 - 10 所示。

图 7 - 10　正则表达式查找测试

页面右侧属性栏中，"目标字符串"框在"专业模式"下输入"objRet"；"正则表达式"框设置为"\d\d\d\d-\d\d-\d\d"；"输出到"框中变量设置为"bRet"。

> 【注意】"\d\d\d\d-\d\d-\d\d"含义为检测字符串内是否包含"YYYY-MM-DD"类型日期，"包含"返回"True"，不"包含"返回"False"，判断结果保存到布尔类型变量 bRet 内用于判断。

(四) 如果条件成立

页面左侧命令区中找到命令"如果条件成立"，双击或拖入执行区，放置在"正则表达式查找测试"之后，如图 7 - 11 所示。

图 7 - 11　如果条件成立

页面右侧属性栏中，"判断表达式"框中在专业模式下输入"bRet"。根据上一条命令结果进行对应处理，"True"表示"发货日期校验正确"，"False"表示"发货日期校验不正确"。此处采用"if—else"判断语句，else 可以使用命令"否则执行后续操作"进行设置，也可以在源代码页面内进行手动添加，如图 7 - 12 所示。

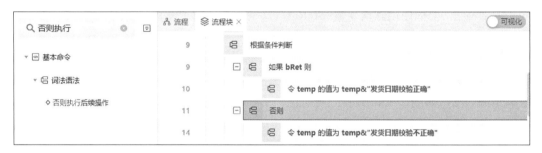

图 7 - 12　否则执行后续操作

（五）变量赋值

页面左侧命令区中找到命令"变量赋值"，双击或拖入两次，放置在"如果条件成立"内部，如图 7 - 13 所示。

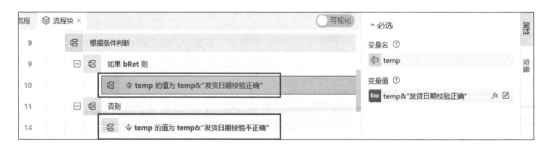

图 7 - 13　变量赋值

页面右侧属性栏中，"变量名"框填写"temp"；"变量值"框在"专业模式"下设置"temp&"发货日期校验正确""""temp&"发货日期校验不正确""。根据判断情况拼接校验结果。

例如，"True"则输出"××货物签收单：发货日期校验正确"，"False"则输出"××货物签收单：发货日期校验不正确"。

（六）读取单元格

页面左侧命令区中找到命令"读取单元格"，双击或拖入执行区，放置在"如果条件成立"外部，如图 7 - 14 所示。

图 7 - 14　读取单元格

页面右侧属性栏中，"单元格"框设置为"E3"；"工作表"框在"专业模式"下填写"value"；"输出到"框使用默认值"objRet"。

与上方判断日期填写格式的流程类似，需要判断所有验收单的货物金额是否填写有误。

（七）是否为数值

页面左侧命令区中找到命令"是否为数值"，双击或拖入执行区，放置在"读取单元格"之后，如图 7 - 15 所示。

图 7 - 15　是否为数值

页面右侧属性栏中，"输出到"框填写"bRet"；"判断对象"框在专业模式下输入字符串变量"objRet"。此步骤目的是判断金额内是否有其他字符："True"则货物金额正确；"False"则货物金额存在错误。

（八）如果条件成立

页面左侧命令区中找到命令"如果条件成立"，双击或拖入执行区，放置在"是否为数值"之后，如图 7 - 16 所示。

图 7 - 16　如果条件成立

页面右侧属性栏中，"判断表达式"框先点击下"Exp"按钮，选择为"专业模式"，将上一步储存判断结果的布尔类型变量"bRet"输入。此处采用"if—else"判断语句，"else"通过命令"否则执行后续操作"进行添加。

（九）变量赋值

页面左侧命令区中找到命令"变量赋值"，双击或拖入执行区，放置在"如果条件成立"内部，如图 7 - 17 所示。

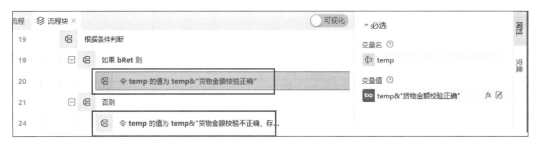

图 7 - 17　变量赋值

页面右侧属性栏中，"变量名"框为"temp"；"变量值"框在"专业模式"下分别设置为"temp&"货物金额校验正确。""以及"temp&"货物金额校验不正确，存在非法字符。""。根据判断情况拼接校验结果。

例如，"True"表示"××货物签收单：发货日期校验正确，货物金额校验正确"，"False"表示"××货物签收单：发货日期校验不正确，货物金额校验不正确，存在非法字符"。

三、输出校验结果

（一）输出调试信息

页面左侧命令区中找到命令"输出调试信息"，双击或拖入执行区，放置在"如果条件成立"外部，如图 7 - 18 所示。

图 7‐18　输出调试信息

页面右侧属性栏中，"输出内容"框在专业模式下输入"temp"，此步骤将核对结果输出在输出面板内。

(二) 关闭 Excel 工作簿

页面左侧命令区中找到命令"关闭 Excel 工作簿"，双击或拖入执行区，放置在"依次读取数组中每个元素"外部，如图 7‐19 所示。

图 7‐19　关闭 Excel 工作簿

页面右侧属性栏中，"立即保存"框选择"是"。程序将会自动将表格保存并关闭，命令与"打开 Excel 工作簿"命令放置在同级。

运行结果如图 7‐20 所示。

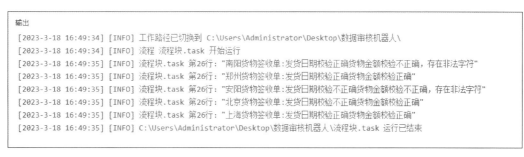

票据审核机器人演示

图 7‐20　运行结果

思考拓展

1. 当存在多个货物通知单工作簿时，应如何一次性进行多个工作簿校验核对？
2. 如何将校验结果以 Excel 格式进行保存？

任务二　开发工资信息查询机器人

任务场景

生活中很多时候需要及时地回复消息，例如你是校学生会干事，可能随时需要回复同学们关于学校最新动态的问题；假如你是一位网络主播，可能需要根据进入直播间观众的昵称，发送一些欢迎观看的话语；又假如你是一个网店客服，需要及时高效地回复顾客的咨询等。小也作为 JM 公司的财务人员，每到月底发工资时，每天都需要回复很多同事关于工资核算规则相关的咨询问题。JM 公司工资核算管理规定如图 7 - 21 所示。这些模式固定的回复，需要一刻不停地反复进行，本身创造的价值有限却又十分耗费人力资源，这时候，使用 UiBot 搭建一个消息自动回复流程就能方便很多。本任务中，以微信自动回复机器人作为案例进行展示，课后同学们可以举一反三，尝试其他通信软件的自动回复程序搭建。

JM 公司工资核算管理规定

（1）日工资计算标准：当事人当月工资/22(天)。

（2）事假扣款规定：请假天数×当事人日工资。

（3）月全勤奖：当事人月工资×10％。

（4）迟到扣款规定：每个月允许迟到或早退次数为二次，但不能超过半个小时，不可以累计；超过两次以上或迟到早退超过半小时，扣除当事人当日工资。

图 7 - 21　JM 公司工资核算管理规定

任务准备

一、任务分析

开始流程制作前，首先需要对整个任务进行任务点拆分，以保证 UiBot 机器人能够运行成功。整个流程可以表述为：

（1）打开微信软件并找到需要回复消息的群聊对话框。

（2）读取同事发来的咨询信息。

（3）将读取到的内容进行关键词识别并在回复框中进行信息输入与发送。

二、流程图/步骤分解

任务流程图如图7-22所示，任务步骤分解表如表7-2所示。

图 7 - 22　任务流程图

表 7 - 2　任务步骤分解表

步　　骤	命　　令
步骤一：启动微信并打开群聊回复框	（1）登录微信 PC 客户端并做好准备工作 （2）在目标中输入 （3）模拟按键 （4）在目标中输入 （5）模拟按键
步骤二：读取聊天数据	（1）无限循环执行操作 （2）点击目标——聊天记录 （3）屏幕 OCR 识别 （4）点击目标——关闭按钮
步骤三：关键词识别与自动回复	（1）分割字符串 （2）查找字符串 （3）如果条件成立——判断是否需要回复 （4）如果条件成立——判断关键词是否存在 （5）在目标中输入——输入关键词1回复 （6）模拟按键——发送关键词1回复 （7）否则如果条件成立 （8）在目标中输入——输入关键词2回复 （9）模拟按键——发送关键词2回复 （10）设置否则操作 （11）在目标中输入——输入未找到关键词回复 （12）模拟按键——发送未找到关键词回复

一、启动微信并打开群聊回复框

（一）登录微信 PC 客户端并做好准备工作

在开始自动回复程序设计之前，首先需要启动微信 PC 客户端并登录微信。把所有需要识别回复的同事微信昵称更改为"同事——＊＊＊"，例如"同事——张三""同事——李四"等，为后续的操作做好准备。

（二）在目标中输入

页面左侧命令区中找到命令"在目标中输入"，双击或拖入执行区。将鼠标放置在"在目标中输入"命令行中的绿色"［未指定］"图标上，将显示可选操作，选择"从界面上选取"操作，如图 7‑23 所示。随后将进入输入目标的选取操作，将鼠标定位到微信对话框搜索栏并单击，如图 7‑24 所示。

图 7‑23　在目标中输入

图 7‑24　搜索栏选取示意图

命令"在目标中输入"的页面右侧属性栏中，"目标"框已通过图 7‑24 中所示操作完成了内容填写；"写入文本"框的内容为需要进行自动回复的微信群名称，如图中所示的

"工资发放通知群",如图7-25所示。

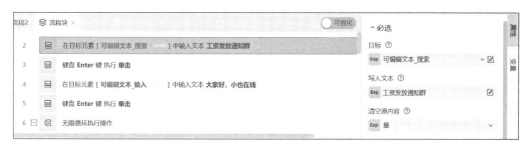

图7-25 "在目标中输入"属性栏设置

(三)模拟按键

页面左侧命令区中找到命令"模拟按键",双击或拖入执行区,放置在"在目标中输入"之后,模拟回车键,用于搜索微信客服群,如图7-26所示。

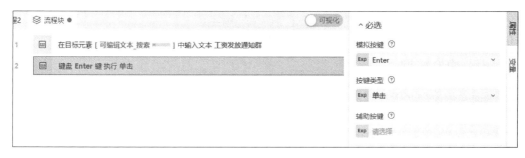

图7-26 模拟按键

页面右侧属性栏中,"模拟按键"框选择"Enter";"按键类型"框选择"单击"。

(四)在目标中输入

页面左侧命令区中找到命令"在目标中输入",双击或拖入执行区,放置在"模拟按键"之后,如图7-27所示。目标元素定位到微信群的聊天区并单击,如图7-28所示。

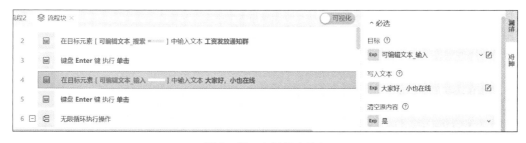

图7-27 在目标中输入

页面右侧属性栏中,"目标"框自动完成内容填写。"写入文本"框的内容为打招呼用语"大家好,小也在线"。

图 7‑28　选定微信聊天区

（五）模拟按键

页面左侧命令区中找到命令"模拟按键"，双击或拖入执行区，放置在"在目标中输入"之后，模拟回车键，用于发送信息，如图 7‑29 所示。

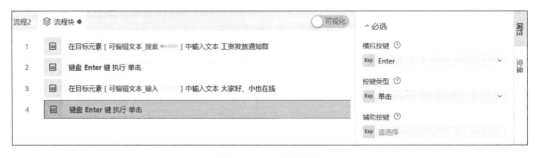

图 7‑29　模拟按键

到这里已经设置好了微信群自动问候的操作，并将问候信息作为自动回复流程的开始。对于问候信息之后的消息，UiBot 将会自动识别并匹配关键词，进行自动回复。

二、读取聊天数据

（一）无限循环执行操作

页面左侧命令区中找到命令"无限循环执行操作"，双击或拖入执行区，放置在"模拟按键"之后，如图 7‑30 所示。通过这个命令，设置一个循环操作，放置在"无限循环执行操作"命令内部的命令，将会不断地重复运行。

图 7‑30　无限循环执行操作

(二) 点击目标——聊天记录

页面左侧命令区中找到命令"点击目标"，双击或拖入执行区，放置在"无限循环执行操作"内部，如图 7‑31 所示。

目标元素定位到微信群的聊天记录图标上并单击，如图 7‑32 所示。

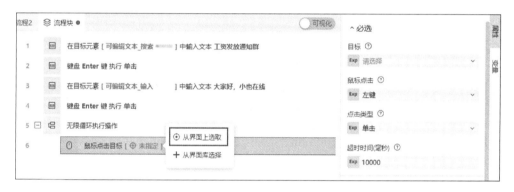

图 7‑31　点击目标——聊天记录

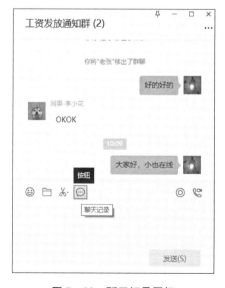

图 7‑32　聊天记录图标

页面右侧属性栏中,"目标"框已通过图7-32中的选择完成填写;"鼠标点击"框中选择"左键";"点击类型"框选择"单击"。

接下来,需要使用命令读取聊天记录中的信息,为下一步关键字识别和自动回复设置做好准备。

(三) 屏幕 OCR 识别

页面左侧命令区中找到命令"屏幕 OCR 识别",双击或拖入执行区,放置在"点击目标"之后,如图7-33所示。

图 7-33　屏幕 OCR 识别

目标元素定位到聊天记录窗口,如图7-34所示。

图 7-34　选中聊天记录窗口

页面右侧属性栏中，"输出到"框可设置变量"聊天记录"用于储存识别到的聊天记录文本；"目标"框已通过图7-34中操作完成了填写。

（四）点击目标——关闭按钮

页面左侧命令区中找到命令"点击目标"，双击或拖入执行区，放置在"屏幕 OCR 识别"之后，如图7-35所示。

图7-35　点击目标——关闭按钮

目标元素定位为图7-36的关闭按钮。通过左键单击聊天记录页面的"×"，关闭聊天记录页面，方便后续命令的执行。

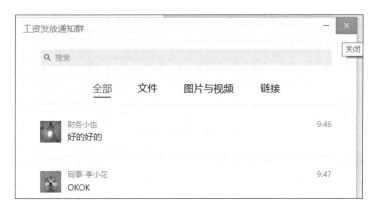

图7-36　选择关闭聊天记录按钮

三、关键词识别与自动回复

（一）分割字符串

页面左侧命令区中找到命令"分割字符串"，双击或拖入执行区，放置在"点击目标"之后，如图7-37所示。

页面右侧属性栏中，"输出到"框使用默认变量"arrRet"；"目标字符串"框选择"专业模式"后填写变量名"聊天记录"；"分隔符"框填写"同事一"。本步骤意在使用"同事一"将聊天记录进行分割，得到一个分割完成的数组。

图 7 - 37   分割字符串

(二) 查找字符串

页面左侧命令区中找到命令"查找字符串",双击或拖入执行区,放置在"分割字符串"之后,如图 7 - 38 所示。

图 7 - 38   查找字符串

页面右侧属性栏中,"输出到"框使用默认变量"iRet";"目标字符串"框选择"专业模式"后输入"arrRet〔len(arrRet)-1〕"。其中:"arrRet"为上一步骤中分割得到的数组,"len(arrRet)"表示数组的长度,而"arrRet〔len(arrRet)-1〕"可以获取到数组的最后一个元素;"查找内容"框输入需要查找的内容"财务小也"。这里输入的查找内容为"小也微信账号的昵称",根据微信昵称判断最后一条信息是否是小也发送的。如果最后一条信息是小也发送的,则无须进行回复,如果最后一条信息是同事发送的,则需要识别关键词并进行回复。

【注意】正索引从 0 开始,因此想要获取数组的最后一个元素应使用(数组长度-1)来表示该元素的索引值。

(三) 如果条件成立——判断是否需要回复

页面左侧命令区中找到命令"如果条件成立",双击或拖入执行区,放置在"查找字符串"之后,如图7-39所示。

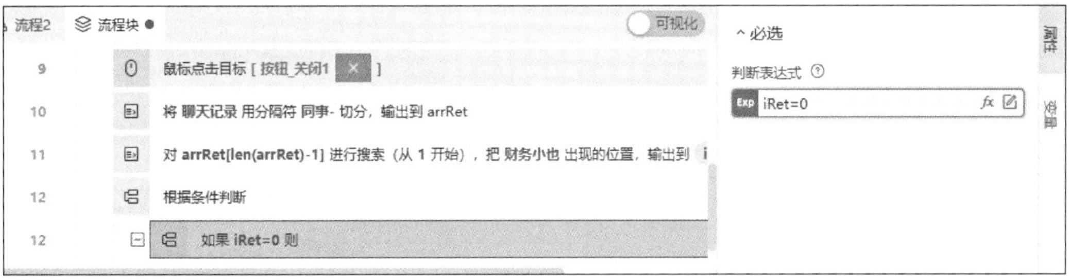

图7-39　如果条件成立

页面右侧属性栏中,"判断表达式"框填入相对应的表达式"iRet=0"对变量"iRet"进行判断,如果为"0"则代表没有查找到小也微信账号昵称,即最后一条信息是由同事发送的,此时需要进行关键词识别并自动回复;不为"0"则代表找到了小也微信账号昵称,即最后一条信息是由小也发送的,此时无须进行处理。

(四)如果条件成立——判断关键词是否存在

页面左侧命令区中找到命令"如果条件成立",双击或拖入执行区,放置在上一步的"如果条件成立"内部,如图7-40所示。

图7-40　如果条件成立

页面右侧属性栏中,"判断表达式"框转为"专业模式"后填入相对应的表达式"InStr(arrRet[len(arrRet)−1],"日工资",1,false)<>0"对数组"arrRet"中最后一行文案进行检测,判断其中是否有"日工资"这一关键词,"<>0"表示"不是假",整个判断表达式的内容表述为数组"arrRet"中最后一行文案中包含有"日工资"这一关键词。

(五)在目标中输入——输入关键词1回复

页面左侧命令区中找到命令"在目标中输入",双击或拖入执行区,放置在"如果条件成立"内部,如图7-41所示。

页面右侧属性栏中"目标"框选择微信聊天群的信息输入框;"写入文本"框内填入匹配到关键词"日工资"后需要进行回复的内容,这里输入"日工资为:当事人当月工资总数/22(天)",用于回答同事对日工资计算规则的疑问。

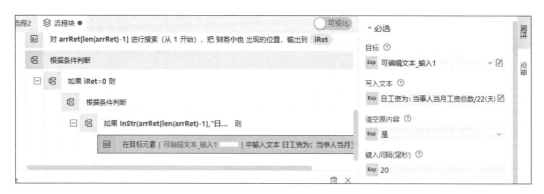

图 7 - 41　在目标中输入

（六）模拟按键——发送关键词 1 回复

页面左侧命令区中找到命令"模拟按键"，双击或拖入执行区，放置在"在目标中输入"之后，模拟回车键，用以发送对应的信息，如图 7 - 42 所示。

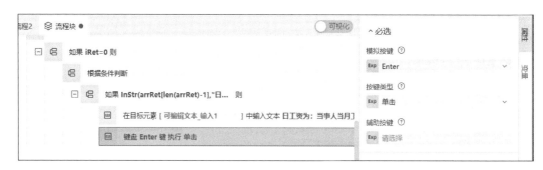

图 7 - 42　模拟按键

（七）否则如果条件成立

页面左侧命令区中找到命令"否则如果条件成立"，双击或拖入执行区，放置在"如果条件成立"外部，如图 7 - 43 所示。

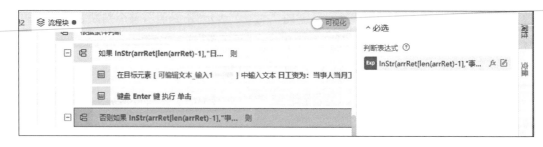

图 7 - 43　否则如果条件成立

页面右侧属性栏中，选择"专业模式"后填入相对应的表达式"InStr（arrRet［len

（arrRet）-1]，"事假"，1，false）<>0"查找读取到的内容是否包含关键词"事假"。

重复这一步操作，我们可以设置多种关键词与相应回复的固定搭配，以实现不同问题的自动回复。

（八）在目标中输入——输入关键词 2 回复

页面左侧命令区中找到命令"在目标中输入"，双击或拖入执行区，放置在"否则如果条件成立"内部，如图 7-44 所示。

图 7-44　在目标中输入

页面右侧属性栏中，"目标"框依旧选中微信群聊天信息输入框；"写入文本"框内填写回复的内容"事假扣款规定：请假天数×当事人日工资"。

（九）模拟按键——发送关键词 2 回复

页面左侧命令区中找到命令"模拟按键"，双击或拖入执行区，放置在"在目标中输入"之后，模拟回车键，用以发送对应的信息，如图 7-45 所示。

图 7-45　模拟按键

（十）设置否则操作

对聊天信息进行判断，根据内容进行回复，如果读取的内容中不含有设置的所有关键字则运行"否则"中的代码块。页面左侧命令区找到命令"否则执行后续操作"，双击或拖入执行区，放置在"否则如果条件成立"外部，如图 7-46 所示。

图 7‑46　设置执行后续操作

（十一）在目标中输入——输入未找到关键词回复

页面左侧命令区中找到命令"在目标中输入"，双击或拖入执行区，放置在"否则"内部，如图 7‑47 所示。

图 7‑47　在目标中输入

页面右侧属性栏中，"目标"框依然指定为微信群聊天信息输入框；"写入文本"则为没有匹配到自动回复关键词时需回复的内容"请添加我的个人微信与我联系"。

（十二）模拟按键——发送未找到关键词回复

页面左侧命令区中找到命令"模拟按键"，双击或拖入执行区，放置在"在目标中输入"之后，模拟回车键，用于发送对应的信息，如图 7‑48 所示。

图 7‑48　模拟按键

　　在本任务中,使用了一个嵌套判断结构,程序设计完成后,需要注意检查"源代码"界面判断程序部分语句的缩进情况,以保证程序能够实现预期的要求。代码的缩进要求如图 7-49 所示。

```
流程2    流程块
 9    ...
10    arrRet = Split(聊天记录,"同事-")
11    TracePrint($PrevResult)
12    iRet = InStr(arrRet[len(arrRet)-1],"财务小也",1,false)
13    If iRet=0
14        If InStr(arrRet[len(arrRet)-1],"日工资",1,false)<>0
15            Keyboard.InputText(@ui"可编辑文本_输入1","日工资为：当事人当月工资总数/22",true,20,10000,{"bC
16            Keyboard.Press("Enter", "press", [],{"iDelayAfter": 300, "iDelayBefore": 200, "sSimulate"
17        ElseIf InStr(arrRet[len(arrRet)-1],"事假",1,false)<>0
18            Keyboard.InputText(@ui"可编辑文本_输入2","事假扣款规定：请假天数*当事人日工资。",true,20,10000
19            Keyboard.Press("Enter", "press", [],{"iDelayAfter": 300, "iDelayBefore": 200, "sSimulate"
20        Else
21            Keyboard.InputText(@ui"可编辑文本_输入3","请添加我的个人微信与我联系。",true,20,10000,{"bCont
22            Keyboard.Press("Enter", "press", [],{"iDelayAfter": 300, "iDelayBefore": 200, "sSimulate"
23        End If
24    End If
25    Loop
```

图 7-49　判断语句缩进示意图

思考拓展

　　如何实现多关键词同时匹配? 例如,对于"事假扣款方式"和"一个月可以请几次事假"两句都带关键词"事假"的不同问题给出不同解答。

项目小结

　　本项目一共包含两个任务,分别演示了财务信息审核机器人与自动查询流程机器人的开发。在现实财务工作中,我们可能会使用到模板不同的单据和种类多变的通信软件(QQ、钉钉等),本项目中的案例可以作为定制化流程自主开发的底板,为多种财务工作的自动化实现提供参考。

课后习题

猜数字机器人

　　【习题 7-1】　猜数字游戏是一个经典的小游戏,游戏开始时,机器随机生成一个 1—10 的整数,游戏者进行猜测,当猜对时,程序运行结束,输出提示"恭喜猜对了!"当猜的数字与生成的随机数不相等时,输出提示"猜大了!"或"猜小了!"程序继续运行,重新猜一个数字,一直到猜对为止。请使用 UiBot 完成"猜数字游戏"程序搭建。

知行合一

　　在某大型国有企业,有一位名叫王晓的审计师,他一直秉持着对企业财务数据的高度责任感。王晓深谙企业财务的重要性,同时也明白强化监督体系建设是实现发展的先决条件。为此,他决定利用先进的技术手段来加强对企业财务数据的监督和管理。

　　王晓了解到使用 RPA 技术能够自动识别票据真伪,同时,在当前的财会金融领域,已有多例 RPA 项目落地,中国银行、中国建设银行等多家银行,已经落地 RPA 项目帮助进行自动化对账、异常账户监控等业务。德勤、普华永道等会计师事务所,也在使用 RPA 技术帮助开展自动审计工作。考虑到这一技术的先进性,王晓决定引入这个 RPA 机器人系统,以便更好地履行审计职责。

　　点评:在引入 RPA 机器人系统后,审计的效率得到显著提升。机器人能够在短时间内完成大量数据的审核和查询,减轻了审计师的工作负担。更重要的是,通过机器人的精准分析,企业财务数据的准确性得到了有效保障,大大降低了人为差错的风险。这一技术的引入使得企业的财务管理更加规范、透明,有力地支持了强化体系建设的目标。审计师们通过深度分析和风险评估,为企业提供更加准确、可靠的财务建议,同时也为企业的可持续发展奠定了坚实的基础。

项目八

综合案例——RPA 自动化流程开发

本项目引用一个企业级案例展示完整的机器人开发流程。整个流程分为三个阶段:

(1) 任务一为流程开发的第一阶段,明确客户需求并判断是否可以使用自动化流程满足相关要求。

(2) 任务二为流程开发的第二阶段,依据客户需求设计相应的流程步骤。

(3) 任务三是流程开发的最后阶段,需要依据前两阶段的分析完成流程搭建并检验机器人运行的结果是否达标。

1. 了解完整的机器人项目部署及实施流程。
2. 灵活运用组件搭建符合要求的程序。
3. 通过运行结果验收机器人是否达标。

1. 能够依据客户要求分析项目可行性。
2. 能够构思智能化财务工作流程。

1. 通过综合案例开发,培养数据思维,提升自动化环节的识别能力。
2. 通过综合案例开发训练,形成统筹规划的习惯,建立全局观。

项目八思维导图如图 8-1 所示。

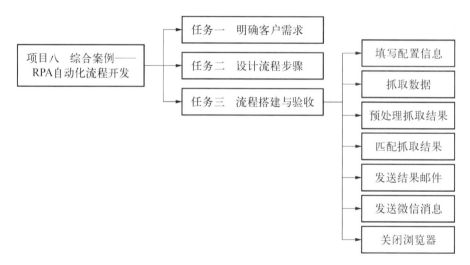

图 8-1 项目八思维导图

现因公司发展需要，JM 集团财务部成立了财务数字化转型研究小组。小组需定期在网络上搜集关于财务数字化转型相关的文本内容以了解近期该领域研究与实践的大致分布情况，以便作为更新公司财务转型的经验借鉴。因为这一操作需要定期重复进行，JM 集团财务部决定聘请小也设计一个 UiBot 机器人帮助完成这项工作。

小也在与 JM 集团财务数字化转型研究小组成员商议后，了解了整个流程的结构，将客户需求转换成了具体的 RPA 流程要求：

（1）在百度网页搜索近一个月内发布的关于"财务数字化转型"的文章，文件类型为".doc"。

（2）统计文件内容包括：标题、发布日期、文章来源。

（3）将收集到的内容存入 Excel 表格内，数据存储模板如图 8 - 2 所示。

	A	B	C
1	标题	发布日期	文章来源
2			
3			
4			
5			
6			
7			
8			
9			
10			

图 8 - 2　数据存储模板

（4）将结果文件以当天日期命名发送至指定邮箱（可自定义）。

（5）将邮件发送状态发送至指定人员的微信（可自定义）。

思考拓展

思考这个项目为什么适合使用 RPA 机器人来完成？哪些项目不适合使用 RPA 技术？

任务二　设计流程步骤

一、任务分析

明确了客户需求后,需对项目的整体结构进行任务点拆分,以保证 UiBot 机器人能够运行成功。在本案例中,整个流程可以表述为:

(1) 获取用户自定义的流程要求。

(2) 打开浏览器,查询指定格式的信息,抓取数据并保存至 Excel 工作簿中。

(3) 对数据进行处理,提取出指定时间区间内的数据信息,保存至以当天日期命令的结果文件内。

(4) 将结果文件通过邮件发送给指定联系人。

(5) 将邮件发送状态发送给指定的微信联系人。

二、流程图/步骤分解

任务流程图如图 8-3 所示,任务步骤分解表如表 8-1 所示。

图 8-3　任务流程图

表 8-1　任务步骤分解表

步　　骤	命　　令
步骤一:填写配置信息	自定义对话框
步骤二:抓取数据	(1) 启动新的浏览器 (2) 在目标中输入 (3) 点击目标 (4) 点击目标——设定时长 (5) 点击目标——设定搜索文件格式 (6) 数据抓取

续　表

步　骤	命　令
步骤三：预处理抓取结果	(1) 构建数据表 (2) 数据表去重 (3) 转换为数组 (4) 依次读取数组中每个元素 (5) 分割字符串——处理文章标题 (6) 两侧裁剪——处理文章标题 (7) 分割字符串——处理文章发布时间 (8) 两侧裁剪——处理文章发布时间 (9) 打开 Excel 工作簿 (10) 写入区域
步骤四：匹配抓取结果	(1) 变量赋值 (2) 字符串转换为时间——开始时间 (3) 字符串转换为时间——结束时间 (4) 依次读取数组中每个元素 (5) 字符串转换为时间——获取发布日期 (6) 如果条件成立 (7) 在数组尾部添加元素 (8) 写入区域 (9) 获取时间 (10) 格式化时间 (11) 变量赋值 (12) 获取系统文件夹路径 (13) 变量赋值 (14) 另存为 Excel 工作簿 (15) 关闭 Excel 工作簿
步骤五：发送结果邮件	(1) 发送邮件(SMTP) (2) 获取邮箱 SMTP 服务授权码
步骤六：发送微信消息	(1) 在目标中输入 (2) 模拟按键 (3) 在目标中输入 (4) 模拟按键
步骤七：关闭浏览器	关闭标签页

⊕ 思考拓展

　　搭建程序前,一般会先设计项目流程图,然后根据流程图完成步骤分解表,请思考为什么是这样的顺序?

一、填写配置信息

页面左侧命令区中找到命令"自定义对话框",双击或拖入执行区,如图 8 - 4 所示。

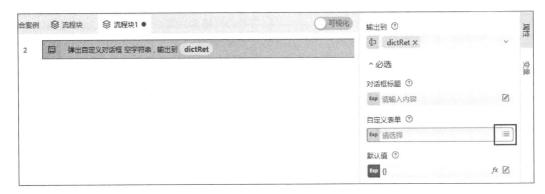

图 8 - 4　自定义对话框

页面右侧属性栏中,"输出到"框使用默认变量"dictRet"储存对话框。点击"自定义表单"框中的编辑按钮。

> 【注意】"自定义对话框"命令页面右侧属性栏中的"默认值"框默认是字典类型的变量"{}",即设置对话框的内容以字典形式进行储存,使用相应的字典键可以访问到对应的值。

在自定义表单编辑页面,双击页面左侧命令区的"文本框"控件;在页面右侧属性区域中,在"标题"框中填入"关键字",在"提示信息"框中填入"请输入要查询的关键字",如图 8 - 5 所示。

按照上述方法,向自定义对话框中添加表单控件,添加"文本框—关键字",添加"文本框—抓取页数""时间—开始时间""时间—结束时间";添加"文本框—邮箱"时,"提示信息"输入"请输入接收结果文件的邮箱地址";添加"文本框—微信联系人"时,输入提示信息"请输入接收邮件发送状态的微信联系人",如图 8 - 6 所示。

图 8 - 5　添加表单控件

图 8 - 6　其它的表单控件

自定义对话框运行效果,如图8‐7所示。

图8‐7　自定义对话框效果

二、抓取数据

(一)启动新的浏览器

页面左侧命令区中找到命令"启动新的浏览器",双击或将其拖入执行区,放置在"自定义对话框"之后,如图8‐8所示。

图8‐8　启动新的浏览器

页面右侧属性栏中，根据硬件环境选择"浏览器类型"，此处选择"Google Chrome"，即谷歌浏览器；"打开链接"框中填入网址"www.baidu.com"。

（二）在目标中输入

页面左侧命令区中找到命令"在目标中输入"，双击或将其拖入可执行区域，放置在"启动新的浏览器"之后，如图 8－9 所示。元素选择浏览器页面中的"百度搜索输入框"，如图 8－10 所示。

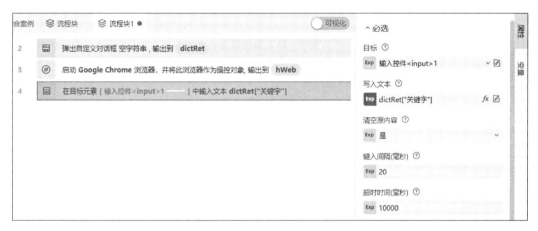

图 8－9　在目标中输入

图 8－10　百度搜索输入框

页面右侧属性栏中，"写入文本"框选择"专业模式"后输入"dictRet["关键字"]"，此步将自定义对话框中采集到的"关键字"输入浏览器的搜索栏中。

（三）点击目标

页面左侧命令区中找到命令"点击目标"，拖入可执行区域，放置在"在目标中输入"之后，如图 8－11 所示。"目标元素"选择浏览器页面中的"百度一下"按钮，如图 8－12 所示。

（四）点击目标——设定时长

页面左侧命令区中找到命令"点击目标"，双击或将其拖入可执行区域，放置在"点击目标"之后，如图 8－13 所示。目标元素选择搜索工具栏中的"时间不限"按钮，如图 8－14 所示。

图 8-11　点击搜索

图 8-12　百度一下按钮

图 8-13　点击目标

图 8-14　"时间不限"按钮

再次选择"点击目标"命令,放置在上一步"点击目标"后面,如图 8‑15 所示。目标元素选择"一月内"栏目,如图 8‑16 所示。

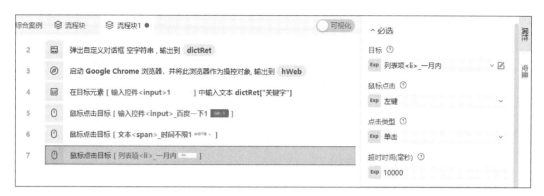

图 8‑15　点击目标——一月内

图 8‑16　选择时间期限

(五) 点击目标——设定搜索文件格式

页面左侧命令区中找到命令"点击目标",双击或将其拖入可执行区域,放置在"点击目标"之后,如图 8‑17 所示。目标元素选择浏览器页面中的"所有网页和文件"按钮,如图 8‑18 所示。

再次选择"点击目标"命令,放置在"点击目标"之后,如图 8‑19 所示。目标元素选择"Word(.doc)"栏目,如图 8‑20 所示。

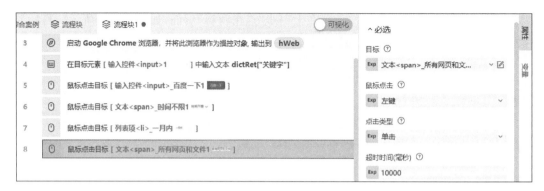

图8‐17 点击目标

图8‐18 "所有网页和文件"按钮

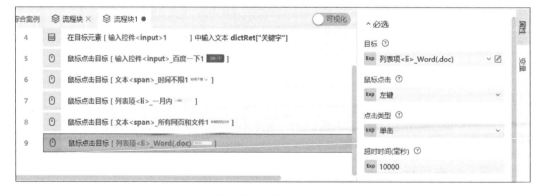

图8‐19 点击目标——Word(.doc)

(六) 数据抓取

点击页面左上方的"数据抓取"按钮,点击数据抓取弹窗里的"选择目标"按钮,如图8‐21所示。

图 8‒20 "Word(.doc)"栏目

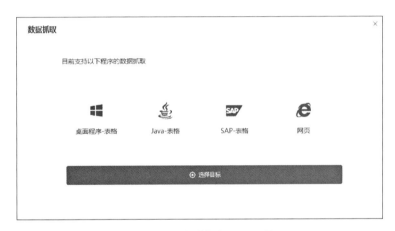

图 8‒21 启动数据抓取工具

在网页中选取要抓取的数据,即文章的标题,如图 8‒22 所示。

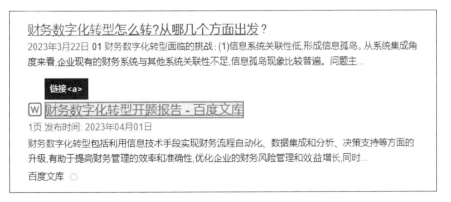

图 8‒22 抓取文章标题

选择一次标题后,会自动弹出对话框,提示"请选择层级一样的数据再抓一次",点击"选择目标"按钮,再次选取一篇文章标题,如图 8‒23 所示。

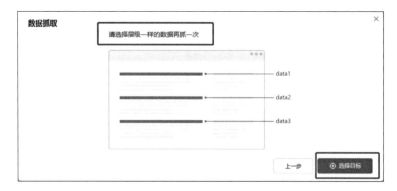

图 8‑23　再次选取文章标题

再次选择文章标题后，会弹出抓取数据格式对话框，选择"文字"，如图 8‑24 所示。

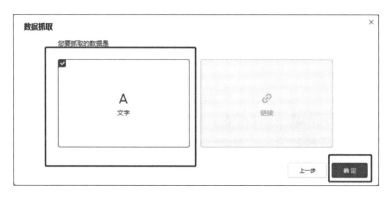

图 8‑24　抓取数据格式确认

抓取的数据会在预览界面显示，可查看数据抓取结果与期望是否一致。如不一致，可以单击"上一步"按钮重新进行数据抓取，如图 8‑25 所示。

图 8‑25　抓取数据预览(1)

点击"抓取更多数据"按钮,分别抓取文章的发布时间和来源,最终抓取效果如图 8-26 所示。

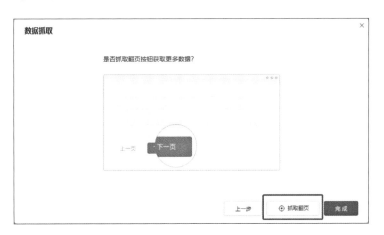

图 8-26 抓取数据预览(2)

点击"下一步",在弹出对话框中,点击"抓取翻页"按钮,如图 8-27 所示。

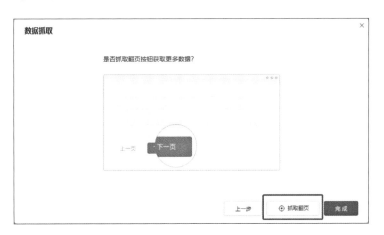

图 8-27 选择抓取翻页

在网页中,选择"下一页"为目标元素,如图 8-28 所示。

图 8-28 选择"下一页"按钮

选择"下一页"后,数据抓取命令会自动在命令区生成。页面右侧属性栏中,"抓取页数"框切换为"专业模式",填入内容"Cint(dictRet["抓取页数"])",如图 8-29 所示。

图 8 - 29　修改抓取页数

【注意】"dictRet["抓取页数"]"获取开头自定义对话框中输入的抓取页数，"Cint()"函数的作用是将其转换为数值类型的数据。

三、预处理抓取结果

(一) 构建数据表

页面左侧命令区中找到命令"构建数据表"，双击或拖入执行区，放置在"数据抓取"之后，如图 8 - 30 所示。

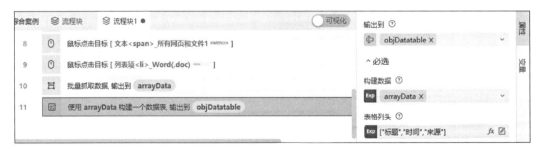

图 8 - 30　构建数据表

页面右侧属性栏中，"构建数据"框在专业模式下填入"arrayData"；将"表格列头"框切换为"专业模式"，填入"["标题","时间","来源"]"。

(二) 数据表去重

页面左侧命令区中找到命令"数据表去重"，双击或拖入执行区，放置在"构建数据表"之后，如图 8 - 31 所示。

图 8 - 31 数据表去重

【注意】在数据抓取效果预览中，每条数据都被重复抓取了，因此需要去重。

(三) 转换为数组

页面左侧命令区中找到命令"转换为数组"，双击或拖入执行区，放置在"数据表去重"之后，如图 8 - 32 所示。

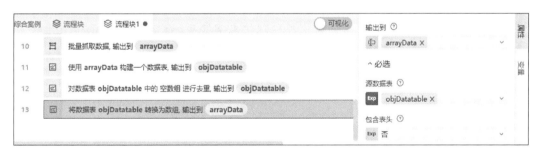

图 8 - 32 转换为数组

页面右侧属性栏中，"输出到"框填入"arrayData"。

(四) 依次读取数组中每个元素

页面左侧命令区中找到命令"依次读取数组中每个元素"，双击或拖入执行区，放置在"转换为数组"之后，如图 8 - 33 所示。

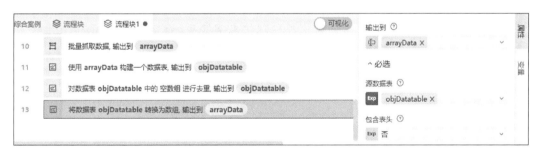

图 8 - 33 依次读取数组中的每个元素

页面右侧属性栏中，"数组"框在专业模式下填入"arrayData"。

（五）分割字符串——处理文章标题

页面左侧命令区中找到命令"分割字符串"，将其拖入"依次读取数组中每个元素"内部，如图8-34所示。

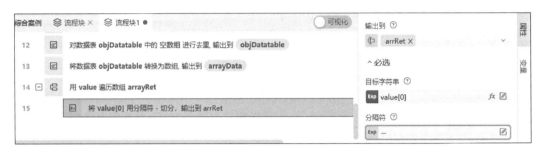

图8-34　分割字符串——处理文章标题

页面右侧属性栏中，"目标字符串"框在专业模式下书写"value[0]"；在"分隔符"框中填入"—"。

> **【注意】**"value[0]"代表从网页中抓取到的文章标题，如"财务数字化转型开题报告——百度文库"，使用"——"将其分割成两部分，第一部分是所需数据，即"arrRet[0]"是我们需要的数据。

（六）两侧裁剪——处理文章标题

页面左侧命令区中找到命令"两侧裁剪"，将其拖到"分割字符串"之后，如图8-35所示。

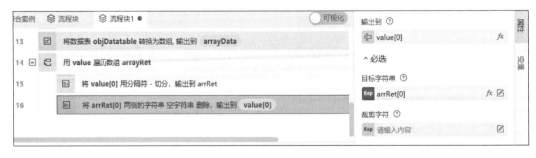

图8-35　两侧裁剪——处理文章标题

页面右侧属性栏中，将"输出到"框切换为"专业模式"，填入"value[0]"；将目标字符串框切换为"专业模式"填入"arrRet[0]"。

（七）分割字符串——处理文章发布时间

页面左侧命令区中找到命令"分割字符串"，将其放置在"两侧裁剪"之后，如图 8-36 所示。

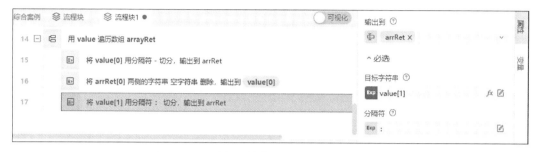

图 8-36　分割字符串——处理文章发布时间

页面右侧属性栏中，将"目标字符串"框切换为"专业模式"并填入"value[1]"；"分隔符"框中填入"："。

（八）两侧裁剪——处理文章发布时间

页面左侧命令区中找到命令"两侧裁剪"，将其放置在"分割字符串"之后，如图 8-37 所示。

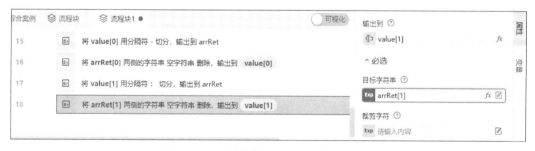

图 8-37　两侧裁剪——处理文章发布时间

页面右侧属性栏中，将"输出到"框切换为"专业模式"，填入"value[1]"；将目标字符串框切换为"专业模式"，填入"arrRet[1]"。

> 【注意】"value[1]"代表从网页抓取到的文章发布时间。如"7 页发布时间：2022 年 08 月 17 日"，使用"："将其分割成两部分，第二部分是我们所需数据，即"arrRet[1]"是我们需要的数据。

（九）打开 Excel 工作簿

页面左侧命令区中找到"打开 Excel 工作簿"命令，双击或拖入执行区，放置在"两侧裁剪"之后,如图 8 - 38 所示。

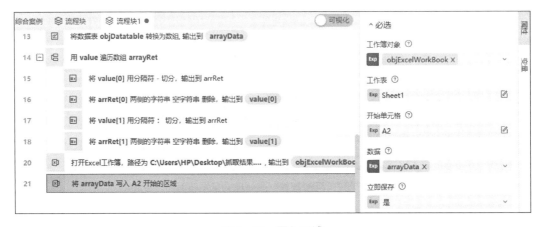

图 8 - 38　打开 Excel 工作簿

页面右侧属性栏中,点击"文件路径"后的文件夹选择按钮,选择"抓取结果.xlsx"工作簿的路径。

(十) 写入区域

页面左侧命令区中找到命令"写入区域",双击或拖入执行区,放置在"打开 Excel 工作簿"之后,如图 8 - 39 所示。

图 8 - 39　写入区域

页面右侧属性栏中,"数据"框切换为"专业模式"后填入"arrayData";"开始单元格"框中填入"A2"。

四、匹配抓取结果

(一) 变量赋值

页面左侧命令区中找到命令"变量赋值",双击或拖入执行区,放置在"写入区域"之后,如图 8 - 40 所示。

图 8‑40　变量赋值

页面右侧属性栏中,"变量名"框切换为"专业模式"后填入"resultArray";"变量值"框切换为"专业模式"后填入"[ ]",创建一个空数组变量。

(二) 字符串转换为时间——开始时间

页面左侧命令区中找到命令"字符串转换为时间",双击或拖入执行区,放置在"变量赋值"之后,如图 8‑41 所示。

图 8‑41　字符串转换为时间——开始时间

页面右侧属性栏中,"输出到"框切换为"专业模式"后填入"startTime";"时间文本"框切换为"专业模式"后填入"dictRet["开始时间"]";在"时间文本格式"框中填入"yyyy.mm.dd"。

(三) 字符串转换为时间——结束时间

页面左侧命令区中找到命令"字符串转换为时间",双击或拖入执行区,放置在"字符串转换为时间"之后,如图 8‑42 所示。

图 8‑42　字符串转换为时间——结束时间

页面右侧属性栏中，"输出到"框切换为"专业模式"后填入"endTime"；"时间文本"框切换为"专业模式"后填入"dictRet["开始时间"]"；在"时间文本格式"框中填入"yyyy.mm.dd"。

（四）依次读取数组中每个元素

页面左侧命令区中找到命令"依次读取数组中每个元素"，双击或拖入执行区，放置在"字符串转换为数组"之后，如图 8-43 所示。

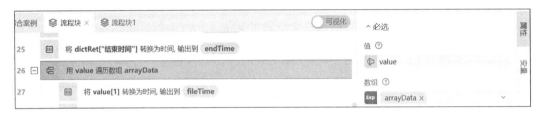

图 8-43　依次读取数组中每个元素

页面右侧属性栏中，"数组"框切换为"专业模式"后填入"arrayData"。

（五）字符串转换为时间——获取发布日期

页面左侧命令区中找到命令"字符串转换为时间"，放置在"依次读取数组中每个元素"内部，如图 8-44 所示。

图 8-44　字符串转换为时间——获取发布日期

页面右侧属性栏中，"输出到"框切换为"专业模式"后填入"fileTime"；"时间文本"框切换为"专业模式"后填入"value[1]"；"时间文本格式"框中填入"yyyy.mm.dd"。

（六）如果条件成立

页面左侧命令区中找到命令"如果条件成立"，放置在"字符串转换为时间"之后，如图 8-45 所示。

页面右侧属性栏中，"判断表达式"框切换为"专业模式"后填入"startTime＜fileTime and fileTime＜endTime"。

图 8‑45 如果条件成立

（七）在数组尾部添加元素

页面左侧命令区中找到命令"在数组尾部添加元素"，放置在"如果条件成立"内部，如图 8‑46 所示。

图 8‑46 在数组尾部添加元素

页面右侧属性栏中，"输出到"框切换为"专业模式"，填入"resultArray"；"目标数组"框切换为"专业模式"后填入"resultArray"；"添加元素"框切换为"专业模式"后填入"value"。

（八）写入区域

页面左侧命令区中找到命令"写入区域"，放置在"依次读取数组中每个元素"外部，如图 8‑47 所示。

图 8‑47 写入区域

页面右侧属性栏中,"工作表"框填入"筛选结果";在"开始单元格"框中填入"A2";将"数据"框切换为"专业模式"后填入"resultArray"。

(九) 获取时间

页面左侧命令区中找到命令"获取时间",放置在"写入区域"之后,如图 8-48 所示。

页面右侧属性栏中,"输出到"框填写"dTime"。

图 8-48　获取时间

(十) 格式化时间

页面左侧命令区中找到命令"格式化时间",放置在"获取时间"之后,如图 8-49 所示。

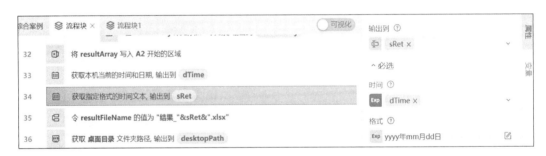

图 8-49　格式化时间

页面右侧属性栏中,"输出到"框使用默认变量"sRet";"时间"框切换为"专业模式"后填入"dTime";"格式"框中填入"yyyy 年 mm 月 dd 日"。

(十一) 变量赋值

页面左侧命令区中找到命令"变量赋值",双击或拖入执行区,放置在"格式化时间"之后,如图 8-50 所示。

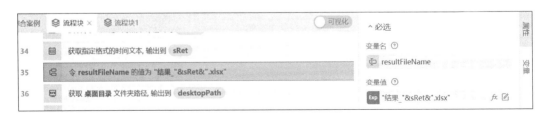

图 8-50　变量赋值

页面右侧属性栏中,"变量名"框切换为"专业模式",填入"resultFileName";"变量值"框切换为"专业模式"后填入""结果_"&sRet&".xlsx""。

(十二）获取系统文件夹路径

页面左侧命令区中找到命令"获取系统文件夹路径",放置在"变量赋值"之后,如图 8-51 所示。

图 8-51 获取系统文件夹路径

页面右侧属性栏中,"输出到"框填入"desktopPath";"获取目录"框选择"桌面目录"。

(十三）变量赋值

页面左侧命令区中找到命令"变量赋值",双击或拖入执行区,放置在"获取系统文件夹路径"之后,如图 8-52 所示。

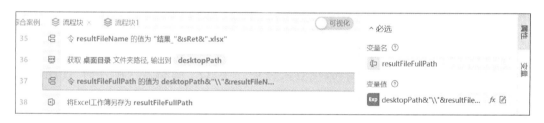

图 8-52 变量赋值

页面右侧属性栏中,"变量名"框填入"resultFileFullPath";"变量值"框切换为"专业模式"后填入"desktopPath&"\\"&resultFileName",此步骤设置了结果文件的保存路径。

(十四）另存为 Excel 工作簿

页面左侧命令区中找到命令"另存为 Excel 工作簿",双击或拖入执行区,放置在"变量赋值"之后,如图 8-53 所示。

页面右侧属性栏中,"文件路径"框切换为"专业模式"后填入"resultFileFullPath"。

(十五）关闭 Excel 工作簿

页面左侧命令区中找到命令"关闭 Excel 工作簿",双击或拖入执行区,放置在"另存 Excel 工作簿"之后,如图 8-54 所示。

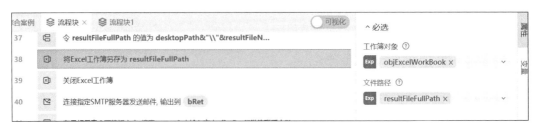

图 8-53　另存为 Excel 工作簿

图 8-54　关闭 Excel 工作簿

五、发送结果邮件

(一) 发送邮件(SMTP)

页面左侧命令区找到"SMTP/POP"分类下的命令"发送邮件",双击或将其拖入执行区域,如图 8-55 所示。

本项目将演示如何使用网易 163 邮箱发送邮件,实际操作时,可以根据邮箱种类选择其他服务器发送电子邮件。例如,项目六任务二中,QQ 邮箱发送邮件时,使用的是 IMAP 服务器。

页面右侧属性栏中,"SMTP 服务器"框填入所使用邮箱的 SMTP 服务器地址,本次使用网易 163 邮箱,故填入"smtp.163.com";"登录账号"框填入发送结果文件所使用的邮箱地址;"登录密码"框需填入 SMTP 服务的授权密码,不是邮箱的登录密码,授权密码获取方式如图 8-56、图 8-57 和图 8-58 所示。"发件人"框填入邮箱地址;"收件人"框切换为"专业模式"后填入"dictRet["邮箱"]";"邮件标题"和"邮件正文"框可以根据习惯进行填写;"邮件附件"框切换为"专业模式"后填入"resultFileFullPath"。

(二) 获取邮箱 SMTP 服务授权码

本次使用 SMTP 服务器的方式进行邮件发送,因此需要邮箱的相关授权,以网易 163 邮箱为例。

进入邮箱首页,点击"设置",点击"POP3/SMTP/IMAP",如图 8-56 所示,进入相关设置页面。

点击页面中的"新增授权密码"按钮,如图 8-57 中方框所示。

图 8 - 55　SMTP 服务发送邮件

图 8 - 56　点击设置

图 8 - 57　单击新增授权密码按钮

图 8 - 58　复制邮箱授权码

复制网页中显示的邮箱授权码,如图 8 - 58 所示。

六、发送微信消息

(一) 在目标中输入

页面左侧命令区中找到命令"在目标中输入",双击或拖入执行区,放置在"发送邮件"之后,如图 8 - 59 所示。目标元素定位到微信的搜索框,如图 8 - 60 所示。

图 8‑59 在目标中输入

图 8‑60 微信搜索框

页面右侧属性栏中,"写入文本"框切换为"专业模式"后填入"dictRet["微信联系人"]"。

(二) 模拟按键

页面左侧命令区中找到命令"模拟按键",双击或拖入执行区,放置在"在目标中输入"之后,如图 8‑61 所示。

(三) 在目标中输入

页面左侧命令区中找到命令"在目标中输入",双击或拖入执行区,放置在"模拟按键"之后,如图 8‑62 所示。"目标元素"选择"微信的聊天信息输入框",如图 8‑63 所示。

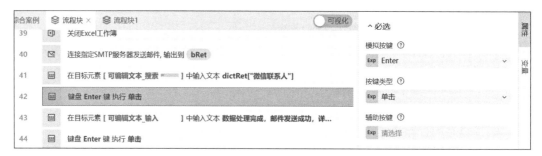

图 8‑61　模拟按键

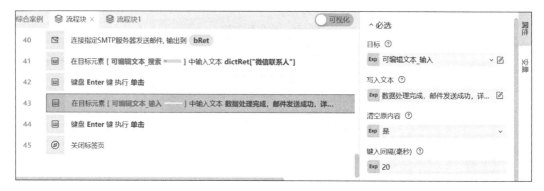

图 8‑62　在目标中输入

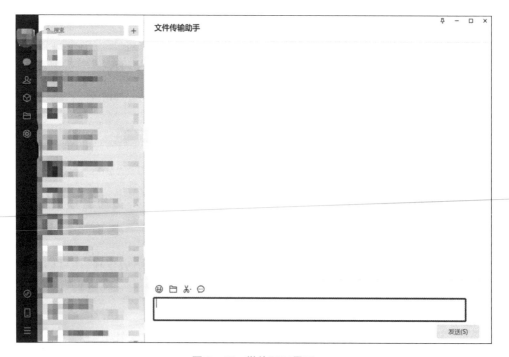

图 8‑63　微信聊天界面

页面右侧属性栏中,"写入文本"框中填入要发送的消息内容"数据处理完成,邮件发送成功,详情见邮件附件"。

(四)模拟按键

页面左侧命令区中找到命令"模拟按键",双击或拖入执行区,放置在"在目标中输入"之后,如图 8 - 64 所示。

图 8 - 64 发送消息

七、关闭浏览器

关闭标签页。页面左侧命令区中找到命令"关闭标签页",双击或拖入执行区,放置在"模拟按键"之后,程序将会自动关闭浏览器,如图 8 - 65 所示。

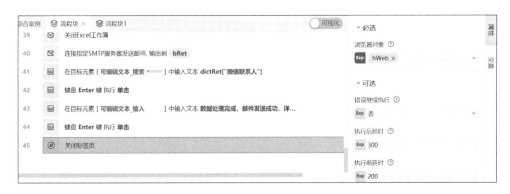

图 8 - 65 关闭标签页

如何检验并记录运行过程中的错误?

综合案例开
发演示

本项目完整展示了 RPA 自动化流程开发的三个环节,包括客户需求的明确、任务流

程的设计以及流程的搭建和验收,为真实的业务案例开发提供路径演示,具有较强的实战指导性。在实现自动化流程项目开发时,需要按照这个顺序依次完成三个环节,才能保证思路清晰、程序稳定。

课后习题

【习题 8-1】　小王是公司的投资助理。小王每日都要登录巨潮资讯网,按照投资经理提供的上市公司名单,如图 8-66 所示,使用公告速查板块查询这些公司一周内的公告信息。如果这些公司发布了新公告,小王则需要将这些公告下载下来,并在"上市公司公告下载信息登记表"中登记。统计完成后,依据"上市公司公告下载信息登记表"中登记的下载地址将公告进行下载并存储到指定文件夹。"上市公司公告下载信息登记表"如图 8-67 所示。

图 8-66　上市公司名单　　　　　图 8-67　上市公司公告下载信息登记表

巨潮资讯网公告速查板块如图 8-68 所示。

图 8-68　巨潮资讯网公告速查板块

公告下载机器人

小明所在的团队负责一个复杂的市场分析项目,要求综合运用市场学、统计学和财务学的知识,对一家公司市场竞争力进行全面评估。小明是团队的负责人,他的团队成员分

别有市场营销专业的同学、统计学专业的同学和财务管理专业的同学。

起初,小明没有很好地做好分析项目的整体规划,而是采取了"东一榔头西一棒槌"的方式,将各个专业同学提出的观点和结论进行拼凑。结果,他们的市场分析虽然有一定的深度,但汇报时却因为缺乏合理的组织规划,导致每个同学的汇报自成一派,互不相干,最终并未得出科学合理的评价结论。

王老师在课堂上指出,一个成功的市场分析需要各个领域的知识相互交融,不能单独强调某一方面。他同时强调了做事应该按照科学合理的顺序,不能随心所欲。在王老师的指导下,小明开始重新规划团队的工作。他与团队成员充分沟通,明确了市场学、统计学和财务学在项目中的角色。他们首先进行了全面的市场调研,获取了大量的市场数据。然后,通过统计学方法对数据进行分析,提取了一些重要的指标和关系。最后,他们从财务学的角度,对公司的财务状况进行了评估,形成了一份全面的报告。

重新规划后,团队的报告十分全面,不仅有深入的市场分析,还有数据支持和财务角度的评估。最终,他们的项目在课堂上获得了好评,小明也深刻领悟到了融会贯通和按照科学合理的顺序进行工作的重要性。

点评:这个故事体现了跨学科知识整合与科学规划在解决实际问题中的重要作用。小明团队初始阶段的混乱和零散反映了单纯堆砌专业知识而缺乏系统整合的局限性。在王老师的指导下,团队通过明确学科角色、有序开展调研分析,实现了市场学、统计学和财务学知识的有效融合。这种跨学科整合不仅提升了分析的深度和广度,也确保了结论的科学性和合理性。同时,科学规划的重要性也得以凸显,按序而行能够确保工作的高效性和目标的精准实现。这一故事对学术研究和实际工作都具有指导意义,提醒我们在面对复杂问题时,应注重知识的综合运用和工作的有序规划。

主要参考文献

[1] 黄静如.RPA 财务机器人实训教程[M].北京：清华大学出版社,2023.

[2] 程平.RPA 财务数据分析：基于来也 UiBot[M].北京：电子工业出版社,2023.

[3] 汪刚,金春华.RPA 财务机器人开发与应用——基于 UiBot[M].北京：人民邮电出版社,2022.

[4] 程平.审计机器人开发与应用实训：基于来也 UiBot[M].北京：电子工业出版社,2022.

[5] 向小佳.RPA 审计机器人开发教程——基于来也 UiBot[M].北京：电子工业出版社,2021.

[6] 褚瑞,袁志坚.机器人流程自动化(RPA)UiBot 开发者认证教程[M].北京：电子工业出版社,2020.

高等教育出版社

教学资源服务指南

感谢您使用本书。为方便教学，我社为教师提供资源下载、样书申请等服务，如贵校已选用本书，您只要关注微信公众号"高职财经教学研究"，或加入下列教师交流QQ群即可免费获得相关服务。

"高职财经教学研究"公众号

最新目录

样书申请

资源下载

试卷下载

云书展

师资培训　教学服务　教材样章

资源下载： 点击"**教学服务**"—"**资源下载**"，或直接在浏览器中输入网址（http://101.35.126.6/），
　　　　　注册登录后可搜索相应的资源并下载。（建议用电脑浏览器操作）

样书申请： 点击"**教学服务**"—"**样书申请**"，填写相关信息即可申请样书。

试卷下载： 点击"**教学服务**"—"**试卷下载**"，填写相关信息即可下载试卷。

样章下载： 点击"**教材样章**"，即可下载在供教材的前言、目录和样章。

师资培训： 点击"**师资培训**"，获取最新会议信息、直播回放和往期师资培训视频。

🎯 联系方式

会计QQ3群：473802328　　会计QQ2群：370279388　　会计QQ1群：554729666

（以上3个会计QQ群，加入任何一个即可获取教学服务，请勿重复加入）

联系电话：（021）56961310　　电子邮箱：3076198581@qq.com

🎯 在线试题库及组卷系统

我们研发有10余门课程试题库，如"基础会计""财务会计""成本计算与管理""财务管理""管理会计""税务会计""税法""审计基础与实务"等，平均每个题库近3000题，知识点全覆盖，题型丰富，可自动组卷与批改。如贵校选用了高教社沪版相关课程教材，我们可免费提供给教师每个题库生成的各6套试卷及答案（Word格式难中易三档，索取方式见上述"试卷下载"），教师也可与我们联系咨询更多试题库详情。